高效管理员工的
工具及表格

秋禾 ◎ 编著

中国纺织出版社有限公司

内 容 提 要

本书收录了企业管理中常用的管理工具，以表格的形式呈现出来，管理实操、执行方式呈现于外，管理理念、公司制度暗含于内，使管理结果可视化、一目了然，提高企业管理效率。本书适用于企业管理者和相关工作人员。

图书在版编目（CIP）数据

高效管理员工的工具及表格 / 秋禾编著. --北京：中国纺织出版社有限公司，2023.8
ISBN 978-7-5229-0633-1

Ⅰ.①高… Ⅱ.①秋… Ⅲ.①企业管理—人力资源管理 Ⅳ.①F272.92

中国国家版本馆CIP数据核字（2023）第098236号

责任编辑：段子君　　责任校对：高　涵　　责任印制：储志伟

中国纺织出版社有限公司出版发行
地址：北京市朝阳区百子湾东里 A407 号楼　邮政编码：100124
销售电话：010—67004422　传真：010—87155801
http://www.c-textilep.com
中国纺织出版社天猫旗舰店
官方微博 http://weibo.com/2119887771
三河市延风印装有限公司印刷　各地新华书店经销
2023 年 8 月第 1 版第 1 次印刷
开本：710×1000　1/16　印张：12.5
字数：160 千字　定价：58.00 元

凡购本书，如有缺页、倒页、脱页，由本社图书营销中心调换

前言

　　管理，是指领导者为实现组织目标而运用权力向其下属施加影响力的一种行为或行为过程。领导者作为管理的核心、团队的领头人，其管理水平和方式将直接影响企业的竞争、发展和壮大。任何企业都不可避免地会遇到许多错综复杂的管理问题。作为领导者，如何才能在复杂的情形中把握风云变幻，有效地掌控和驾驭复杂的企业运转局面呢？

　　企业管理的关键在于人员管理。管理好员工，企业才能正常运转，推动企业的生产和发展。可见，一个企业要做大做强，一定要有细致而有效的管理方式，这样才能发挥管理力，使企业生发出最大动能，在市场中不断成长壮大。

　　有些企业有先进的管理理念，有强大的管理团队，可是管理的效果却不尽如人意，究其原因，就是管理工作没有做细做实，他们没有或者忽视了那些最基本的管理工具的作用，更谈不上对这些管理工具的革新和运用。

　　《高效管理员工的工具及表格》收录了企业管理中常用的管理工具，以表格的形式呈现出来，管理实操、执行方式呈现于外，管理理念、公司制度暗含于内，使管理结果可视化、一目了然，提高企业管理效率。

　　新的时代，新的变化，新的机遇。管理模式要改革，要发展，更要创新。改善管理模式在于科学正确地管理工作，在不改变企业本质、不改变企业效益、不改变企业宗旨的基础上实现创新。本书收录的管理工具具有一定的创新性，是管理理念的有效载体，希望本书为管理者所用，为员工管理提供方便。

编著者
2023 年 3 月

目录

第一章 主要员工岗位职能速查工具

- 工具 1 总经理（总裁）职能 2
- 工具 2 财务总监职能 4
- 工具 3 会计职能 6
- 工具 4 出纳职能 8
- 工具 5 行政部经理职能 9
- 工具 6 行政助理职能 10
- 工具 7 经理助理职能 12
- 工具 8 秘书职能 13
- 工具 9 前台职能 15
- 工具 10 人力资源总监职能 16
- 工具 11 招聘专员职能 18
- 工具 12 培训专员职能 19
- 工具 13 市场总监职能 20
- 工具 14 公关部主管职能描述 22
- 工具 15 策划部经理职能 23
- 工具 16 客户经理职能描述 24
- 工具 17 销售代表职能描述 26

第二章　招聘、面试与录用管理工具

工具1　招聘流程图 …………………………………………………… 30
工具2　年度招聘计划报批表 ………………………………………… 31
工具3　员工招聘申请书 ……………………………………………… 33
工具4　应聘人员基本情况登记表 …………………………………… 37
工具5　面谈记录范本 ………………………………………………… 38
工具6　员工面谈记录表 ……………………………………………… 40
工具7　面试结果评价表 ……………………………………………… 41
工具8　面试新员工指导书 …………………………………………… 42
工具9　员工聘用规定 ………………………………………………… 46
工具10　员工聘任书 ………………………………………………… 49
工具11　员工报到通知书 …………………………………………… 52
工具12　新员工试用申请及核定表 ………………………………… 53
工具13　员工试用标准表 …………………………………………… 54
工具14　试用员工转正考核表 ……………………………………… 56
工具15　试用员工转正申请表 ……………………………………… 58

第三章　员工培训与教育管理工具

工具1　员工培训管理制度 …………………………………………… 62
工具2　新员工教育培训规定 ………………………………………… 63
工具3　新进员工指导方法 …………………………………………… 64
工具4　新员工培训计划表 …………………………………………… 67
工具5　新员工培训表 ………………………………………………… 69
工具6　新员工培训成果检测表A …………………………………… 72
工具7　新员工培训成果检测表B …………………………………… 74
工具8　新员工培训成果检测表C …………………………………… 76

工具 9　员工培训需求调查表 …………………………………………… 77
工具 10　员工培训计划表 ……………………………………………… 79
工具 11　员工培训记录表 ……………………………………………… 80
工具 12　培训效果调查表 ……………………………………………… 81
工具 13　在职人员职位培训记录表 …………………………………… 82
工具 14　在职人员培训测验成绩登记表 ……………………………… 83
工具 15　在职人员培训结果报告表 …………………………………… 84

第四章　考勤出差管理工具

工具 1　员工出勤管理规定 ……………………………………………… 88
工具 2　员工缺勤处理细则 ……………………………………………… 90
工具 3　员工出勤表 A …………………………………………………… 92
工具 4　员工出勤表 B …………………………………………………… 93
工具 5　员工月考勤表 …………………………………………………… 94
工具 6　员工值班制度 …………………………………………………… 96
工具 7　休假程序 ………………………………………………………… 98
工具 8　员工请假单 …………………………………………………… 101
工具 9　员工出差规定 ………………………………………………… 102
工具 10　员工出差申请表 ……………………………………………… 104
工具 11　员工考勤与奖惩记录表 ……………………………………… 105

第五章　绩效考核与评估管理工具

工具 1　对员工工作评估的正确度测评 ……………………………… 108
工具 2　普通员工绩效考核表 ………………………………………… 111
工具 3　员工工作绩效考评表 ………………………………………… 114
工具 4　管理层人员能力考核表 ……………………………………… 115

3

工具 5　管理层人员年度绩效考核表 ……………………………… 117

工具 6　主管工作成绩考核表 …………………………………… 120

工具 7　助理人员绩效考核表 …………………………………… 122

工具 8　销售人员能力考核表 …………………………………… 123

工具 9　技术人员能力考核表 …………………………………… 125

工具 10　操作人员绩效考核表 ………………………………… 126

工具 11　会计人员绩效考核表 ………………………………… 128

工具 12　绩效考核面谈表 ……………………………………… 129

工具 13　员工弹性工作考核表 ………………………………… 130

工具 14　员工年度考核成绩表 ………………………………… 132

第六章　员工素质、工作态度及专业考评管理工具

工具 1　员工工作态度考核表 …………………………………… 136

工具 2　员工综合素质考核表 …………………………………… 137

工具 3　员工专业技术知识检查表 ……………………………… 139

工具 4　员工考评表 ……………………………………………… 140

工具 5　工作自主性测评 ………………………………………… 142

工具 6　员工能力与态度考核表 ………………………………… 144

工具 7　员工专业水平考核表 …………………………………… 145

工具 8　员工工作潜力考核表 …………………………………… 147

工具 9　员工达标能力考核表 …………………………………… 148

工具 10　员工创新能力考核表 ………………………………… 149

工具 11　员工管理潜能评定表 ………………………………… 150

第七章　薪酬与福利待遇管理工具

工具 1　薪资管理规定 …………………………………………… 152

工具 2　工资标准及发放办法 …………………………………… 154
工具 3　职能工资支付规定 ……………………………………… 159
工具 4　销售人员工资管理办法 ………………………………… 160
工具 5　工资扣缴表 ……………………………………………… 162
工具 6　工资标准表 ……………………………………………… 163
工具 7　工资奖金核定表 ………………………………………… 164
工具 8　新员工工资核准表 ……………………………………… 165
工具 9　工资发放表 ……………………………………………… 166
工具 10　公司福利制度 …………………………………………… 167

第八章　奖惩、升职与辞退管理工具

工具 1　员工奖惩条件 …………………………………………… 172
工具 2　员工过失单 ……………………………………………… 173
工具 3　员工纪律处分通知书 …………………………………… 174
工具 4　员工人事调整管理条例 ………………………………… 175
工具 5　员工晋升制度 …………………………………………… 178
工具 6　员工升职推荐表 ………………………………………… 180
工具 7　员工岗位变动通知书 …………………………………… 181
工具 8　各部门人事变动报表 …………………………………… 182
工具 9　员工辞职原因说明书 …………………………………… 184
工具 10　员工离职通知书 ………………………………………… 185
工具 11　员工离职手续清单 ……………………………………… 186
工具 12　员工离职结算单 ………………………………………… 187

第一章
主要员工岗位职能速查工具

工具1　总经理（总裁）职能

职位名称	总经理（总裁）	职位代码		所属部门	
职系		职位等级		直接上级	
直接下级		间接下级		晋升目标	
薪资标准		填写日期		核准人	

职位概要

　　制定和实施公司总体战略与年度经营计划；建立和健全公司的管理体系与组织结构；主持公司的日常经营管理工作，实现公司经营管理目标和发展目标。

工作内容

◆ 根据董事会或集团公司提出的战略目标，制定公司战略，提出公司的业务规划、经营方针和经营形式，经集团公司或董事会确定后组织实施；

◆ 主持公司的基本团队建设，规范内部管理；

◆ 拟定公司内部管理机构设置方案和基本管理制度；

◆ 审定公司具体规章、奖罚条例，审定公司工资奖金分配方案，审定经济责任挂钩办法并组织实施；

◆ 审核、签发以公司名义发出的文件；

◆ 召集、主持总经理办公会议，检查、督促和协调各部门的工作进展，主持召开行政例会、专题会等会议，总结工作、听取汇报；

◆ 参与行业活动，指导处理各种对外关系；

◆ 主持公司的全面经营管理工作，组织实施董事会决议；

◆ 向董事会或集团公司提出企业的更新改造发展规划方案、预算外开支计划；

◆ 处理公司重大突发事件；

◆ 推进公司企业文化的建设工作。

续表

任职资格

教育背景：

◆企业管理、工商管理、行政管理等相关专业硕士及以上学历。

培训经历：

◆接受过领导能力开发、战略管理、组织变革管理、人力资源管理、经济法、财务管理等方面的培训。

经验：

◆10年以上企业管理工作经验，至少5年以上企业全面管理工作经验。

技能技巧：

◆熟悉企业业务和运营流程；

◆在团队管理方面有极强的领导技巧和才能；

◆掌握先进企业管理模式及精要，具有先进的管理理念；

◆善于制定企业发展战略及具备把握企业发展全局的能力；

◆熟悉企业全面运作、企业经营管理、各部门工作流程；

◆具有敏锐的商业触觉、优异的工作业绩；

◆良好的中英文写作、口语、阅读能力；

◆具备基本的网络知识；

◆熟练使用办公软件。

个性特征：

◆具有优秀的领导能力、出色的人际交往和社会活动能力；

◆善于协调、沟通，责任心、事业心强；

◆亲和力、判断能力、决策能力、计划能力、谈判能力强；

◆为人干练、踏实；

◆良好的敬业精神和职业道德操守，有很强的感召力和凝聚力。

工作环境

办公室。

环境舒适，基本无职业病危险。

管理大视角

放权方可释放权力的效力

从表面形式上看，管理是上级对下级的一种权力运用，但是如果简单地这样理解，那就错了，因为现代管理不是权力专制的表现，而是权力调控的表现。

在一个企业中，总经理或总裁都是掌握权力的人，要注意的是，权力是一种管理力量，权力的运用则是有法度的，而不能是公司管理者个人欲望的自我膨胀。因此，一个高明的管理者，首先要明白的一点是：自己的工作是管理，而不是专制，也就是说，管理者不是监工，因为监工即是专权的化身。把自己当作监工，往往大权独揽，把所有员工都看作是为自己服务的，这样的管理者永远成不了好领导，或者说，监工式的管理已经与现代公司"以人为本"的思想相去甚远。也许监工式的管理一时有用，但不可能时时有用。牢记这一点，"以人为本"的管理会对公司领导的用人方式带来益处，至少不会招致员工的心理抗拒，容易使双方形成平等、融洽的人际关系，从而创造一种良好的工作气氛。

工具2　财务总监职能

职位名称	财务总监	职位代码		所属部门	财务部
直接上级		管辖人数		职位等级	
晋升目标		候选渠道		轮转岗位	
薪资标准		填写日期		核准人	
工作内容					
◆全面负责财务部的日常管理工作； ◆组织制定财务方面的管理制度及有关规定，并监督执行； ◆制定、维护、改进公司财务管理程序和政策，制订年度、季度财务计划； ◆负责编制及组织实施财务预算报告、月／季／年度财务报告； ◆负责公司全面的资金调配、成本核算、会计核算和分析工作；					

续表

◆负责资金、资产的管理工作；

◆监控可能会对公司造成经济损失的重大经济活动；

◆管理与银行及其他机构的关系；

◆协助开展财务部与内外的沟通与协调工作；

◆完成上级交待的其他日常事务性工作。

任职资格

教育背景：

◆会计、财务或相关专业本科及以上学历。

培训经历：

◆受过经济法、管理学基本原理、计算机操作、公司产品的一般知识等培训；

◆具有中级会计师以上职称。

经验：

◆有5年以上跨国企业或大型企业集团财务管理经验；

◆熟悉VBA技能及ERP运行系统，有相关软件使用经验。

技能：

◆精通中西方财务核算系统以及公司财务会计、审计、税务、外汇等业务；

◆熟悉会计操作、会计核算及审计的全套流程与管理；

◆熟悉国家财经法律法规和税收政策及相关账务的处理方法；

◆熟悉财务管理、企业融资及资本运作；

◆良好的口头及书面表达能力；

◆有良好的政府、银行关系，有一定的融资能力。

个性特征：

◆独立工作能力强，应变能力突出，具备团队精神；

◆原则性强，思维敏捷、严谨，工作踏实、认真，有较强的敬业精神。

工作环境

办公室。

环境舒适，基本无职业病危险。

工具 3 会计职能

职位名称	会计员	职位代码		所属部门		财务部
直接上级	各财务专门部门	管辖人数		职位等级		
晋升目标	部门经理	候选渠道		轮转岗位		
薪资标准		填写日期		核准人		

工作内容

◆协助财务总监制订业务计划、财务预算、监督计划；

◆负责财务核算、审核、监督工作，按照公司及政府有关部门要求及时编制各种财务报表并报送相关部门；

◆负责员工报销费用的审核、凭证的编制和登账；

◆对已审核的原始凭证及时填制记账凭证并记账；

◆寻求降低成本的途径和方法，控制公司各项费用支出及公司税务；

◆执行财务经理和财务总监委派的各类财务工作；

◆处理与银行相关的事务；

◆对月度现金流量进行预测、成本核算及准备预测的相关报告；

◆管理和监督出纳人员的工作。

任职资格

教育背景：

◆会计、财务、审计或相关专业大专及以上学历。

培训经历：

◆受过经济法、管理学基本原理、计算机操作、公司产品一般知识等方面的培训。

经验：

◆有3年以上企业财务工作经验；

续表

◆具有丰富的账务处理、税务处理、银行贷款等财务实践经验； ◆有会计事务所工作经验，有审计、收购、融资、公司上市工作经验。 技能： ◆熟悉中西方财务制度、财务管理、财务分析和管理会计； ◆熟悉国家会计法规和相关税收政策，熟悉税务制度； ◆熟悉国家福利、税收制度方面的法规、规定； ◆熟悉银行业务和报税流程； ◆深入领会各项税务、财政政策，并能在工作中运用； ◆能帮助公司制定财务制度并进行较全面的财务分析、财务预测和总结； ◆熟练应用财务软件和计算机操作，英语读写流利。 个性特征： ◆具有良好的团队合作精神和沟通能力； ◆严谨、踏实、稳重并对工作认真负责。
工作环境 办公室。 环境舒适，基本无职业病危险。

管理大视角

工作讲究依法办事原则

依法原则，是指管理者要在法律、制度、政策规定的范围内，正确地运用权力。法是法律、法令、制度、规定的总称。管理者注重法制，就是要在自己的权限范围内，严格依照法律和制度来进行管理。任何管理都是对一个单位的管理，都是对一个群体的管理。管理就需要法，若离开了法，单位本身就难以存在，群体就难免解体。管理一个国家需要有国法，管理一个单位也需要有规章制度。一个群体只有在一定的规则内行动，才能保证单位的完整性、稳定性、正常性、和谐性。

出纳和会计工作关系着一个企业的经济命脉，特别是涉及资金往来、依法纳税等敏感事务，所以依法办事显得尤为重要。

工具 4　出纳职能

职位名称	出纳	职位代码		所属部门	财务部
直接上级	财务经理	管辖人数		职位等级	
晋升目标	财务经理	候选渠道		轮转岗位	
薪资标准		填写日期		核准人	

工作内容

◆做好公司现金、票据及银行存款的保管、出纳和记录；

◆建立现金日记账、银行存款日记账，审核现金收付单据；

◆积极配合公司开户行做好对账、报账工作；

◆配合各部门办理电汇、信汇等有关手续；

◆销售发票的开具及保管；

◆协助会计做好各种账务处理工作；

◆办理公司有关税款的申报及缴纳；

◆编制有关税务报表及统计报表；

◆办理与税务有关的其他事务；

◆完成财务经理交办的其他工作。

权责范围

权力：

无独立权限。

责任：

对岗位工作的具体项目负直接责任，如给公司造成损失应负相应的经济责任和行政责任。

任职资格

教育背景：

◆财会专业中专及以上学历。

续表

培训经历:
◆受过经济法基础知识、公司财务制度等方面的培训。
经验:
◆从事企业出纳工作半年以上。
技能:
◆能够独立从事企业出纳工作,熟练掌握计算机操作。
个性特征:
◆工作细致认真;
◆具有良好的敬业精神和团队合作精神。
工作环境
办公室。
环境舒适,基本无职业病危险。

工具 5 行政部经理职能

职位名称	行政经理	职位代码		所属部门	行政部
直接上级	副总经理	管辖人数		职位等级	
晋升目标	总经理助理	候选渠道		轮转岗位	
薪资标准		填写日期		核准人	
工作内容					
◆规划、指导、协调公司内相关行政支持服务,如档案管理、邮件分发、电话转接等;					
◆可能涉及设备的购买规划和维护等工作;					
◆协调公司内部行政人事等工作;					
◆制定公司规章制度,提高工作效率;					
◆对控制成本的方法提出建议;					
◆准备并审核相关报告和日程安排,保证准确高效;					
◆编制部门预算报告;					

续表

◆负责行政人事人员的任用和考核； ◆对员工进行公司规章制度等相关内容的培训。
任职资格 教育背景： ◆广告、新闻、公关、行政管理相关专业本科及以上学历。 培训经历： ◆受过管理学、公共关系、财务管理等方面的培训。 经验： ◆有3年以上相关工作经验； ◆有独立工作能力和管理的经验。 技能： ◆较强的时间管理能力； ◆工作效率高，能够有效控制工作进度； ◆优秀的外联与公关能力，具备解决突发事件的能力； ◆较强的分析、解决问题能力，思路清晰，考虑问题全面细致； ◆熟练的英语听、说、读、写、译能力； ◆熟练使用办公软件、设备。 个性特征： ◆形象气质好、性格开朗、自律性强、工作敬业、有强烈的集体认同感和团队合作精神。
工作环境 办公室。 环境舒适，基本无职业病危险。

工具6 行政助理职能

职位名称	行政助理	职位代码		所属部门	行政部
直接上级	行政经理	管辖人数		职位等级	

续表

晋升目标	经理助理	候选渠道		轮转岗位	
薪资标准		填写日期		核准人	

工作内容

◆辅助高级管理人员在人事、预算制定、文档管理等办公事务中的工作；

◆准备有关行政问题解决方案、年度报告等文件；

◆管理公司内部相关文件；

◆分析运营实践中出现的问题，制定新的工作流程或就原有的流程进行改进；

◆向员工传达相关制度；

◆研究管理手段，优化工作流程，简化汇报程序，降低成本；

◆会务安排。

任职资格

教育背景：

◆行政管理相关专业大专及以上学历。

培训经历：

◆文书写作、档案管理、会务组织、财务知识等。

经验：

◆1年以上相关工作经验。

技能：

◆能共同完成会议组织、安排、接待任务，能独立完成文书及档案管理工作。

工作环境

办公室。

环境较舒适，基本无职业病危险。

管理大视角

地位越高，越需要情绪自控

在竞争日趋激烈的今天，每个人都面临着不同的挑战，承受着不同的压力，因此，人人都有心情烦躁的时候，都有难言的苦衷。在这种情绪笼罩下，常常想发泄一番。

人生不如意之事十有八九，特别是处于行政领导的位置上，接触的人多，需要处理的事情也多，总会遇到不愉快的人和事。以与下属的关系为例，如果你计较的话，每天都会遇到生气的事情，如被人议论、员工犯错连累他人、受人冷言讥讽等。有人不便即时发作，便暗自把这些事情记在心里，伺机报复。但这种仇恨心理，会影响自己的情绪，不利于做好工作和处理上下级关系。

工具7　经理助理职能

职位名称	行政助理	职位代码		所属部门	行政部
直接上级	行政经理	管辖人数		职位等级	
晋升目标	行政经理	候选渠道		轮转岗位	
薪资标准		填写日期		核准人	
工作内容 ◆协助经理协调、控制各项工作的安排、实施及总结工作； ◆负责及时了解进度执行情况，向项目经理汇报； ◆负责统一管理各项任务的分配和进度执行材料； ◆协助项目经理进行有关项目文字材料的起草和整理工作； ◆协助经理策划、组织并实施各种市场宣传、新闻活动； ◆参加经理组织的管理会及工作进度协调会，记录、提交会议纪要； ◆处理日常性事务，完成经理交办的相关的临时性工作。					
任职资格 教育背景： ◆公共关系、法律、管理学等专业本科及以上学历。 培训经历： ◆受过管理学、法律知识、产品知识、财务知识、公共关系等方面的培训。 经验： ◆有2年以上相关工作经验； ◆有独立工作能力和管理经验。					

续表

技能：
◆具有较强的时间管理能力；
◆工作效率高，能够有效控制工作进度；
◆优秀的外联与公关能力，具备解决突发事件的能力；
◆较强的分析、解决问题能力；
◆熟练的英语听、说、读、写、译能力；
◆能熟练使用办公软件和设备。
个性特征：
◆思路清晰，考虑问题全面细致；
◆形象气质好、性格开朗、自律性强、工作敬业、有良好的团队合作精神。
工作环境
办公室。
环境较舒适，基本无职业病危险。

工具8　秘书职能

职位名称	秘书	职位代码		所属部门	行政部
直接上级	行政经理	管辖人数		职位等级	
晋升目标	高级秘书、行政经理	候选渠道		轮转岗位	
薪资标准		填写日期		核准人	

工作内容

◆负责办公室日常事务，对其他行政和业务方面的工作提供行政支持；

◆接听电话，为电话询问者提供信息，记录留言，转接电话；

◆收发日常邮件；

◆回复日常邮件；

◆撰写会议通知、会议纪要、日常信件和工作报告；

◆会谈、会务安排；

续表

◆将信件及其他记录归档；
◆备份信件及其他文档；
◆安排商务旅行，做好预订工作；
◆接待访客；
◆采购、分发和控制办公用品；
◆分发钱款，进行简单的账务管理。
任职资格
教育背景：
◆秘书、中文等相关专业大专及以上学历。
培训经历：
◆受过文书写作、档案管理、基础财务知识等方面的培训。
经验：
◆1年以上工作经验。
技能：
◆熟练使用操作办公自动化设备，包括计算机、打印机、传真机、复印机等；
◆有良好的文字表达能力，有一定英语基础，具备较强的听说能力。
个性特征：
◆认真负责，能良好地执行交办工作；
◆工作效率高，条理性强，有团队合作精神；
◆保密意识强。
工作环境
办公室。
环境舒适，基本无职业病危险。

管理大视角

明确职责范围

秘书工作是上下联系的桥梁，那么，秘书在界定和使用自己权力的时候要注意哪些问题呢？

权力是适应职务、责任而来的。职务，是管理者一定的职位和由此产生的职能；责任，是行使权力所需承担的后果。有多么大的职务，就有多么大的权力，就承担多么大的责任。职、权、责一致是领导工作的一个重要原则。"有职无权",是被人"越权";"有权无职",是侵越了别人的权力。"越权"是"有权无责",被"越权"是"有责无权"。因此,只有职、权、责相统一,真正克服有责无职、有职有权无责、有职无权无责、无职无责有权等现象,才能防止"越权"现象。这就必须明确职责范围。

工具 9　前台职能

职位名称	前台	职位代码		所属部门	行政部
直接上级	行政经理	管辖人数		职位等级	
晋升目标	行政助理	候选渠道		轮转岗位	
薪资标准		填写日期		核准人	

工作内容

◆回答询问,收集客户、访客及其他单位的信息,提供有关公司和办事处地址、公司员工的信息,完成领导分配的其他文职工作;

◆接待访客,弄清其来访目的,引导其至相应地点,回答问题并提供信息;

◆负责公司电话记录、分转、服务工作;

◆向客户转达信息和文件;

◆记录、整理、输入信息;

◆向员工传达信息;

◆打印备忘录、出差凭证及其他文档;

◆接受并解决客户及公众的投诉;

◆负责员工出差预订机票、火车票、客房等,差旅人员行程及联络登记;

◆接收款项和发票;

◆维护大堂、接待区域内的整洁,进行该区域内的报纸杂志、盆景植物的日常维护和保养;

◆协助人事部对公司员工考勤的管理;

◆完成上级领导交办的其他工作。

续表

任职资格
教育背景：
◆文秘相关专业中专及以上学历。
培训经历：
◆受过文书写作、档案管理、基础财务知识等方面的培训。
经验：
◆1年以上工作经验。
技能：
◆熟练使用操作办公自动化设备，包括计算机、打印机、传真机、复印机等；
◆有良好的文字表达能力，有一定英语基础，具备较强的听说能力。
个性特征：
◆认真负责，能较好地执行上级交办的工作；
◆工作效率高，条理性强，有团队合作精神；
◆保密意识强。
工作环境
办公室。
环境较舒适，基本无职业病危险。

工具10　人力资源总监职能

职位名称	人力资源总监	职位代码		所属部门	人力资源部
直接上级	总经理	管辖人数		职位等级	
晋升目标		候选渠道		轮转岗位	
薪资标准		填写日期		核准人	
工作内容					
◆编制公司人力资源规划；					
◆组织公司人员招聘工作；					

续表

◆办理公司员工人事变动事宜；

◆建立健全公司人力资源管理制度；

◆负责劳动合同的签订和管理工作，代表公司解决劳动争议、纠纷或进行劳动诉讼；

◆制订员工培训计划，组织技能考核鉴定和培训实施；

◆组织制定公司考核制度，定期进行员工考核；

◆编制工资计划，审核各职能部门的奖金或提成分配方案；

◆负责公司全员考勤的汇总及整理工作；

◆组织制定生产工人的定额工时制并监督实施；

◆建立公司人力资源管理信息系统，为公司重大人力资源管理决策提供参考依据；

◆完成上级主管交办的其他工作。

权力：

◆经总经理授权后，可独立开展人员招聘、录用及考核等工作；

◆有权根据公司有关规定对员工进行日常考核并提出奖惩意见，经公司批准后执行奖惩决定；

◆有权代表公司处理劳动争议或参加劳动诉讼。

责任：

◆对公司人力资源的合理配置、人力资源管理制度的建立健全以及全员劳动合同制的推行负组织责任；

◆发生劳动争议时，负协商处理责任；

◆由于劳动合同的签订与管理不善，发生劳动争议并给公司造成损失，应负相应的经济责任和行政责任。

任职资格

教育背景：

◆人力资源管理、行政管理或相关专业大专及以上学历。

培训经历：

◆受过现代人力资源管理技术、劳动法规、基本财务知识等方面的培训。

经验：

◆从事人力资源管理或人事管理实务工作5年以上。

技能：

◆能够独立解决比较复杂的人事管理实际问题，具有较强的计划、组织、协调能力和人际交往能力，能熟练使用办公软件。

续表

工作环境
办公室。
环境舒适，基本无职业病危险。

管理大视角

建立有利于人才脱颖而出的用人机制

人力资源部门是选拔企业人才的部门，需要注意的是，要不断深化企业人事制度改革，坚持公开、公平、竞争、择优原则，逐步实现因需设岗、竞争上岗、择优聘任、以岗定薪，考核有标准、奖惩有依据的用人制度和"人员能进能出，职务能上能下，待遇能高能低"的动态用人机制。

改革企业人才任用方式，管理、技术人才多推行聘任制，技能人才多实行竞争上岗。

工具 11　招聘专员职能

职位名称	招聘专员	职位代码		所属部门	人力资源部
直接上级	招聘主管	管辖人数		职位等级	
晋升目标	招聘主管	候选渠道		轮转岗位	
薪资标准		填写日期		核准人	
工作内容 ◆执行招聘、甄别、面试、选择和安置工作； ◆进行聘前测试和简历甄别； ◆为进行招聘的管理人员提供政策、程序和规范方面的培训及指导； ◆发布招聘广告，分析报告及趋势； ◆扩展工作范围，设定起薪； ◆安排招聘广告或寻求招聘机构服务；					

续表

◆制订并执行校园招聘计划。
任职资格 教育背景： ◆劳动经济、人力资源管理专业本科以上学历。 培训经历： ◆受过现代人力资源管理技术、劳动法规、财务管理等方面的培训。 经验： ◆1年以上人力资源管理工作经验。 技能： ◆能熟练使用办公软件； ◆高度的团队协作精神； ◆能够解决一般人事管理实际问题，具有一定的计划、组织、协调能力和人际交往能力。
工作环境 办公室。 环境舒适，基本无职业病危险。

工具12　培训专员职能

职位名称	培训专员	职位代码		所属部门	人力资源部
直接上级	培训发展经理	管辖人数		职位等级	
晋升目标	培训发展经理	候选渠道		轮转岗位	
薪资标准		填写日期		核准人	
工作内容 ◆制定本单位的培训工作规范、流程和培训计划并及时更新； ◆计划、指导、协调公司内外部培训事务； ◆有效执行培训计划和培训规范流程； ◆与相关部门配合，进行调查研究，明确培训目的；					

续表

◆制定、控制培训预算；   ◆组织培训材料，开发、利用多媒体辅助设施及其他培训设施；   ◆管理各级培训师，对其工作方法、进程、效果进行监督、指导、评价；   ◆为培训学员、员工、管理层提供培训信息和协助；   ◆确保培训内容和培训方法符合政府有关法律法规的要求。
任职资格   教育背景：   ◆劳动经济、人力资源管理专业本科及以上学历。   培训经历：   ◆受过现代人力资源管理技术、劳动法规、财务管理等方面的培训。   经验：   ◆1年以上人力资源管理工作经验。   技能：   ◆能熟练使用办公软件；   ◆高度的团队协作精神；   ◆能够解决一般人事管理实际问题，具有一定的计划、组织、协调能力和人际交往能力。
工作环境   办公室。   环境舒适，基本无职业病危险。

工具 13　市场总监职能

职位名称	市场总监	职位代码		所属部门	
直系		职业等级		直属上级	总经理
薪资标准		填写日期		核准人	
职位概要 规划制定公司的市场战略与策略，并推进实施，实现市场发展目标。					

续表

工作内容
◆协助总经理制定总体市场发展战略以及市场发展目标； ◆拓展公司的市场策略，把握公司在行业中的发展方向和市场定位，及时提供市场反馈； ◆制订和实施年度市场推广计划和产品计划，协助营销中心制订业务计划，配合市场推广业务计划； ◆制定与实施各产品线价格体系及营销战略、营销策略、地区覆盖策略及推广计划，并组织相关人员培训； ◆制定公司品牌管理策略，维护公司品牌； ◆指导、参与市场的开拓、渠道管理等日常工作； ◆管理监督公司市场费用使用、控制工作以及本部门管理工作。
任职资格
教育背景： ◆市场营销或相关专业本科及以上学历。 培训经历： ◆接受过战略管理、组织变革管理、管理能力开发、市场营销、合同法、财务管理、谈判技巧等方面的培训。 经验： ◆8年以上企业市场管理工作经验，3年以上市场部经理工作经验。 技能： ◆对市场营销工作有深刻认知； ◆有较强的市场感知能力和敏锐地把握市场动态、市场方向的能力； ◆与媒体有密切的合作关系，具备大型活动的现场管理能力； ◆熟练操作办公软件； ◆具备优秀的英语听、说、读、写能力。 个性特征： ◆工作努力，积极进取，责任心强； ◆具有高度的工作热情，良好的团队合作精神； ◆具有较强的观察力和应变能力； ◆具有出色的人际沟通能力、团队建设能力、组织开拓能力。
工作环境
办公室。 环境舒适，基本无职业病危险。

高效管理员工的工具及表格

> **管理大视角**
>
> **注意，你的市场调查数据可信吗**
>
> 营销决策产生失误主要是由于未对环境因素做深入调查，盲目决策；调查方案存在问题，使信息失真，以点代面，以偏概全，影响其结论与预测的准确度，以及在决策执行过程中存在时间差，受不可预知因素影响，造成预测失效等。而有的公司却盲目相信市场调查的结果，看不到影响产品的致败因素或对其估计不足，使最终结果与事前预测相背离。
>
> 过分地依赖于市场调查，企业只能被动地做出反应，这就意味着用户潜在需求不能被充分发掘。这种情况会损害对未来机遇做的准备，而且企业容易故步自封，坐等"用户需要"。这显然是不合理的，因为用户的需要很多时候是要主动发掘的。

工具 14　公关部主管职能描述

职位名称	公关部主管	职位代码		所属部门	市场部
直接上级	市场经理	管辖人数		职位等级	
晋升目标	市场经理	候选渠道		轮转岗位	
薪资标准		填写日期		核准人	

工作内容
- ◆全面负责市场公关计划的制订和执行，配合公司项目，提供公关方面支持；
- ◆负责市场公关活动的策划与监督实施；
- ◆负责公司名誉管理和危机处理；
- ◆定期提交公关活动报告并对市场整体策略提供建议；
- ◆建立媒体数据库并维系紧密的媒体关系，参与制订及实施公司新闻传播计划；
- ◆提供客户开拓及促销、联盟、业务拓展等公关支持；
- ◆进行公关文档的建立和管理与公司相关新闻稿的撰写工作。

续表

任职资格

教育背景：

◆公共关系、新闻、中文或教育专业本科及以上学历。

培训经历：

◆受过市场营销、公共关系、产品知识等方面的培训。

经验：

◆至少2年以上市场、新闻媒体工作经验，有担任过1年以上公关经理的经验。

技能：

◆策划、制定公司整体形象以及产品推广公关计划并实施；

◆独立完成新闻宣传计划或与相关公司合作，实施新闻宣传的监督及效果的评估；

◆创建并维护公司的媒介资源网络，建立与政府部门、大客户良好的沟通渠道以及与有关部门的良好关系；

◆具有较强的市场感知力，能敏锐地感知市场动态，把握市场发展方向；

◆具备优秀的人际交往和协调能力，极强的社会活动能力；

◆具备较强的语言和文字表达能力。

个性特征：

◆高度的工作责任心和工作热情，良好的团队合作精神，较强的观察力和应变能力。

工作环境

办公室。

环境较舒适，基本无职业病危险。

工具15　策划部经理职能

职位名称	策划部经理	职位代码		所属部门	市场部
直接上级	市场经理	管辖人数		职位等级	
晋升目标	市场经理	候选渠道		轮转岗位	
薪资标准		填写日期		核准人	

23

续表

工作内容
◆负责公司企划部门的管理与发展；
◆建立公司的公关、市场、战略合作、外联、代言人、客户关系的组织；
◆独立完成专业广告策划案、品牌推广方案、市场策划案等。

任职资格
教育背景：
◆营销、广告、中文、传播等专业本科及以上学历。
培训经历：
◆受过公共关系、广告策划、市场营销、产品知识、产业经济等方面的培训。
经验：
◆具备3年以上相关工作经验。
技能：
◆具备较强的逻辑思维能力和对新领域的认知能力；
◆具备基本的市场营销常识、传播学理论知识、广告理论基础；
◆对企业CIS导入有较深的认识和独到的见解。
个性特征：
◆具备良好的职业意识、服务意识。

工作环境
办公室。
环境较舒适，基本无职业病危险。

工具16　客户经理职能描述

职位名称	客户经理	职位代码		所属部门	销售部
直接上级	销售经理	管辖人数		职位等级	
晋升目标	销售经理	候选渠道		轮转岗位	
薪资标准		填写日期		核准人	

续表

工作内容

◆策划、组织有关的市场活动；

◆分析客户需求，保持与客户的良好关系，寻求机会发展新的业务；

◆管理、参与和跟进咨询项目；

◆与相关媒体保持良好的关系；

◆协调咨询员的业务活动；

◆建立管理数据库，跟踪分析相关信息；

◆同客户所在公司各部门建立并保持良好的工作关系；

◆获得并保持主管要求的最低总利润；

◆为公司提供准确的市场信息，主要关注未来趋势。

任职资格

教育背景：

◆市场营销或相关专业本科及以上学历。

培训经历：

◆受过市场营销、产品知识、产业经济、公共关系等方面的培训。

经验：

◆2年以上工作经验。

技能：

◆沟通协调能力强；

◆优秀的沟通、演示技巧；

◆扎实的分析技巧及策略规划的变通技巧。

个性特征：

◆积极主动、刻苦，忠于业务。

工作环境

办公室。

经常出差。

环境比较舒适，基本无职业病危险。

工具 17 销售代表职能描述

职位名称	销售代表	职位代码		所属部门	销售部
直接上级	销售主管	管辖人数		职位等级	
晋升目标	销售主管	候选渠道		轮转岗位	
薪资标准		填写日期		核准人	

工作内容

◆客户关系管理，完成公司的销售任务；

◆建立客户关系；

◆识别商业机会；

◆捕捉商业机会；

◆签单及收款；

◆客户满意度调查。

任职资格

教育背景：

◆市场营销专业大专及以上学历。

培训经历：

◆受过市场营销、产品知识等方面的培训。

经验：

◆有一定销售经验。

技能：

◆熟练使用 Microsoft Office，英语流利；

◆具有较强的学习与适应能力；

◆具有良好的表达与沟通能力。

个性特征：

◆乐观进取，勤奋务实，愿意尝试挑战性工作。

续表

工作环境
办公室。 经常出差。 环境比较舒适，基本无职业病危险。

管理大视角

营销不仅仅是把产品卖出去

营销是什么？营销就是"客户的思维"。所有营销工作便是架构在研究、判断客户心理的基础上，营销部门不仅将"发现"确认为决策的依据，也将"发现"传递到相关业务部门。不仅要清楚客户的需要与期望，还要按照他们的心理设计广告、价位、服务。在这里，不谈论产品本身，因为只要掌握了如何依据"客户的思维"开展营销，任何产品都有很大的市场，而不在于是过时的还是技术性能差的产品，遇到这个问题，改变一下策略及市场定位就可以解决。

（1）客服中心：建立于第一线。客户认为，"你们的负责咨询的接线小姐声音好美""刚向你们了解，这么快就得到了回复""我只不过是问问，居然就寄来了赠品，太意外了"……

企业必须基于心理效果决定如何诱导潜在用户，通常是这些因素加速他们做出决定或替你进行口碑营销。

（2）广告：让客户自己去感觉。一则香港电视广告展现了优美的西藏风光，随后屏幕上出现一行文字并伴随着声音："喜玛拉雅矿泉水，天高云淡"，广告结束了。广告中没有告诉客户任何其他信息，多少层净化，做个实验比较一下，但客户的脑海中已得出答案："这水太纯净了！"

产品的卖点自己不要表白，让目标客户通过内心感应自己得出答案，他更相信自己的判断。

（3）促销："推销"给目标客户。"头皮屑！头皮屑""有头皮屑的烦脑吗？采乐帮你"——"免费提供的试用装，现在就寄给你"，于是，你在网上填写了自己的真实信息，怀着一种意外的心情获得了赠品。这是西安杨森在网上开展的促销活动。不要"撒网"寻找并期待客户，要在目标客户的需求与产品定位之间搭建"直通车"，这种促销是定向的。就像IMB的产品，以顾问服务与免费培训来吸引准备进行企业信息化的企业。潜在客户通常最先全面了解的是IBM产品的优势，之后才会与同类产品进行比较，进而做出购买决定。

（4）定价：让客户永远感觉超值。一本图书的定价通常是20元以上，当网上书店出售的图书最高不超过88折，还有只卖2元、5元以及半价以下的图书时，你会做出什么选择？

定价策略的核心是让目标客户认为"占了便宜"，企业要做的是合理地处理成本与价值之间的平衡。比如可以容纳50~100本图书的光盘成本是2~5元，当被确定作为产品的附赠品时，客户会有什么想法？

（5）客服中心：跟进客服。客服中心在交易之后除了解决问题外，更重要的是维系与客户之间的关系。建立产品俱乐部的效果通常是比较理想的：办一份客户交流简报，提供增值服务。

企业在这方面投入多少将会获得成倍的回报：客户在产品更新时会有继续购买行为，他们也会将从俱乐部所获取的知识、信息传递给他人，而经由他们在不经意间发展的客户比公司的市场推广更有效，对企业的产品忠诚力更持久。

第二章
招聘、面试与录用管理工具

工具1 招聘流程图

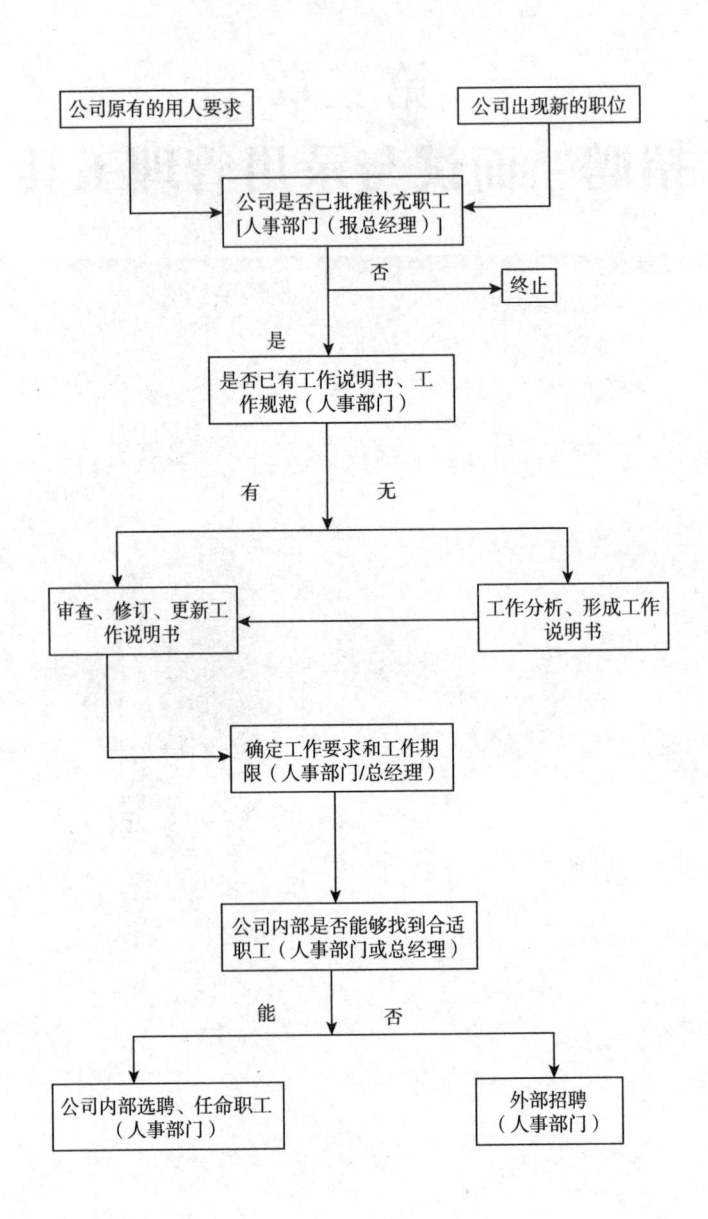

```
公司原有的用人要求          公司出现新的职位
         │                      │
         └──────────┬───────────┘
                    ▼
          公司是否已批准补充职工
          [人事部门（报总经理）]
                    │
              ┌─────┴─────┐
              是          否──→ 终止
              ▼
        是否已有工作说明书、工
        作规范（人事部门）
              │
         ┌────┴────┐
         有        无
         ▼         ▼
   审查、修订、更新工    工作分析、形成工作
   作说明书            说明书
         │              │
         └──────┬───────┘
                ▼
        确定工作要求和工作期
        限（人事部门/总经理）
                ▼
        公司内部是否能够找到合适
        职工（人事部门或总经理）
                │
           ┌────┴────┐
           能        否
           ▼         ▼
   公司内部选聘、任命职工    外部招聘
   （人事部门）          （人事部门）
```

第二章　招聘、面试与录用管理工具

管理大视角

企业招聘制度

人力资源部门在招聘新员工时，应该按照上述招聘程序开展招聘工作。

一般来说，招聘分为两类：新建公司（含分公司和门市）首期及后期的集体招聘、补充空缺职位的个别招聘。新建公司的首期招聘由总公司人力资源部制订招聘计划，报公司主管领导审批后统一组织招聘工作。首期集体招聘主要是主管级管理干部及专业技术人员招聘。招聘工作在开业前3~5个月进行。新建公司的后期集体招聘由地区人力资源部在编制指标内制订招聘计划，报总公司人力资源部审批，批准后由分公司人力资源部组织实施。

年初编制范围内的个别招聘，由各级人力资源部门自行组织招聘；编制之外的招聘，由用人部门向同级人力资源部门提出申请，经逐级审批，批准后方可招聘。

工具 2　年度招聘计划报批表

部门有关情况	录用部分	录用职位介绍				招考方法和其他办法		
		职位名称	人数	专业	任职条件	考试办法	录用范围	录用对象
公司核定的编制数								

31

续表

部门有关情况	录用部分	录用职位介绍				招考方法和其他办法		
		职位名称	人数	专业	任职条件	考试办法	录用范围	录用对象
本年度缺编人数								
本年度计划减员人数								
本年度拟录用人数								
备注								

管理大视角

选人是员工管理的起跑线

选人包括从外部选聘人才，也包括从公司内部选拔人才。不管是哪种方式，选人都是员工管理的起跑线。没有招来员工，就谈不上管理员工；在选人时做了错误的决定，就很难理顺人员与工作之间的关系，最终难以管好员工以至整个企业。

选人的重要性不仅仅放在公司战略的位置上去考虑，更不是停留在纸面上。在全面竞争以及企业日益模仿以至同化的年代，除了薪金、机会等实质性的内容，招聘过程本身也是当今企业人力竞争的一个重要环节。优秀的管理人员应把招聘作为重要业务，进行专业化招聘，以提高企业人力资源水平并降低选人成本。

工具3　员工招聘申请书

申请单位				申请日期	
申请人数		职位名称		原有人数	
职务类别	原有□　新增□		永久□　临时□	职员□　工人□	
增员事由					
拟核工资	试用期间		正式		津贴
聘用条件	姓名		年龄		性别
	教育程度				
	特别训练				
	工作经验				
直接主管：		任职日期：			
核示			审核		申请人
承办					

管理大视角

各种招聘形式的比较与分析

企业中出现一个职位的空缺后，总裁和人力资源部门就需要作出决策：

是采用内部招聘还是外部招聘呢？是采用校园招聘还是和猎头公司合作呢？应当说，各种招聘形式都有各自的优缺点，企业应当根据实际情况和需要作出选择。

1. 内部招聘

内部招聘对于企业的管理职位而言是最重要的来源。在美国进行的一项抽样调查中，有90%的管理职位是由内部招聘来填补的。这种情况在规模较大、培训机制健全的企业中更明显。例如，IBM、Intel及日本大多数大企业财团除了招收刚刚毕业的学生外，一般不再使用外部招聘的方式，职位的空缺全部由内部选拔产生。

内部招聘受如此多企业的青睐，其优点如下：

内部招聘为组织内部员工提供了发展的机会，增加了内部员工的信任感，这有利于激励员工，有利于员工职业生涯发展，有利于安定员工队伍，调动员工的积极性。毕竟，对于企业员工而言，事业的成功、巨大的发展空间永远是最好的激励措施。

2. 外部招聘

一般来说，企业员工的外部招聘有校园招聘、网络招聘、猎头公司等方式。

与内部招聘相比，外部招聘的独特之处如下：

外部招聘有利于平息和缓和内部竞争者之间的紧张关系。在内部招聘中总会有失败者，当这些失败者发现自己的同事，特别是原来与自己处于同一层次、具有同等能力的同事得到提升甚至成为自己的上司时，很可能会产生负面情绪，甚至不服从工作分配乃至最终离职。而从外部招聘则可以避免这些问题的发生，有利于保持企业内部和谐的氛围。

由于内外招聘各有优缺点，大多数企业都实行内外招聘并举的方式。具体来说，如果一个企业的外部环境和竞争情况变化非常迅速，而它的规模又比较小，则它既需要开发利用内部人力资源，又需要侧重外部人力资源。而对于那些外部环境变化缓慢、规模较大的企业来说,从内部进行提拔更为有利。

3. 校园招聘

近年来,工作经历已不是招聘企业员工的必备条件,越来越多的大企业将眼光投向大学校园。

大学校园是高素质人才最为集中的地方,招聘时很容易收集足够数量的申请材料;在知识经济下,应届毕业生充沛的精力和接受新事物的较强能力,更容易使他们成为企业未来的支柱。俗话说:"一张白纸好画画。"大学应届毕业生没有工作经历,在工作中思维方式与处理问题的方法不会与企业产生抵触,更容易融入企业的文化中,而不会像许多"空降兵"那样与企业磨合时间过长甚至失败;大学毕业生往往对自己的第一份工作更有敬业精神。

4. 员工推荐制度

根据一家管理咨询公司的调查,中国有40%的中小企业管理者说他们曾使用过某种类型的员工推荐制度,而且企业中有15%的员工都是通过已有的员工直接介绍而被企业雇用的。

这种制度之所以得到广泛的应用,是因为该制度具有以下优势。

企业员工在推荐候选人时,他们对企业的要求和候选人的条件都有一定的了解,会先在心目中进行一次筛选。当他们确信在被推荐和职位空缺之间存在一种相互匹配性时,才会将此人推荐到空缺的岗位上。

企业员工能够将自己的亲戚朋友推荐到公司,本身就说明了他们对公司现状的满意和对公司的忠诚度。被推荐者通过推荐者的介绍可以对企业有一个基本了解,从而在一定程度上减少与企业环境和企业文化的磨合时间。作为推荐者的员工,通常会认为被推荐者素质与他们自己有关,只有在他们认为被推荐者不会给他带来不利影响时,才会主动推荐他人。根据心理学家的分析。这种制度对挽留企业员工,降低其离职率有很大帮助。

这是因为，个人很容易脱离自己的组织或企业，但很难脱离自己的社会关系网，在中国文化中更是如此。通过这种制度进入企业的员工总会在某种程度上碍于与推荐人的关系而对离职有所顾忌。同时，推荐人对他的说服和劝导也会起到相同的作用。这种制度由于有企业内部人员推荐保证，可以在一定程度上从推荐人的品质、能力上推算被推荐人的水平，因此可以省略过多的测试程序，从而更快地填补岗位的空缺，体现出更强的流动性和灵活性，一般适用于IT行业技术人员的招聘。

员工内部推荐的流程是：先由需要用人的部门经理提出用人需求，人力资源部将此信息进行内部招贴，企业内部员工知道有这个用人名额，就可以将自己认为合适的人选推荐到公司，公司的用人部门经理和人力资源部门面试人员通过面试，觉得推荐人选合适，就可以录入。这种招聘方式速度非常快。但是推荐进来的员工要经过3个月的试用期，经理觉得推荐来的员工合适，该员工的推荐人就可以拿到奖金。

5. 与猎头公司合作

"猎头"一词源于英文"Head Hunting"，这是"二战"以后出现的新词汇。当时美国政府在占有战败国科技资料的同时，还不遗余力地网罗科技人才。其行动方式是先找到目标，然后再使用各种手段将其"捕获"，颇似丛林狩猎，由此就有了猎头的说法。时至今日，在国外猎头已成为一个成熟的行业，历史上第一届赢利的奥运会——洛杉矶奥运会的组织承办人尤伯罗斯就是由猎头机构推荐的。

猎头公司，顾名思义，就是主要为企业搜寻高级人才的机构。企业员工的稀缺性和重要性决定了他们的招聘与一般员工有极大的不同。"一般人才去招聘会、去做广告，高级人才要用猎头公司才放心"已经成为许多人力资源部门经理的共识。

工具4　应聘人员基本情况登记表

应聘（岗位）职务_____　　____年___月___日　No.

姓名		性别		民族		出生日期		本人照片
籍贯		身份证号码						
文化程度		所学专业			健康状况			
家庭住址								
婚姻状况				电话				
电子邮件				邮政编码				

学业经历	起止年月	学校名称	所学专业	外语语种及水平

工作经历	起止年月	工作单位	工作内容	职务	月薪	离职缘由

家庭成员	姓名	与别人关系	工作单位	职务	联系电话

奖惩情况	
自我评价	

能否出差		能否加班		薪资期望值	

人事部意见		主管意见		经理意见	

工具5　面谈记录范本

姓名		要求职位	
工作兴趣	·你认为这一职位涉及哪些方面的工作？ ·你为什么想做这份工作？ ·你为什么认为你能胜任这方面的工作？ ·你对待遇有什么要求？ ·你是怎么知道我们公司的？		
目前工作状况	·如果可能，你什么时候可以到我们公司上班？ ·你的工作单位是什么？工作职务？		
工作经历	·你的工作任务是什么？ ·在该公司工作期间，你一直从事同一种工作吗？ ·如果不是，说明你曾从事过哪些不同的工作、时间多久及各自的主要任务。 ·你最初的薪水是多少？现在的薪水是多少？ ·你为什么要辞去那份工作？		
教育背景	·你认为你所受的哪些教育或培训将帮助你胜任你申请的工作？ ·对你受过的所有正规教育进行说明。		
业余活动	·工作以外你做些什么？		
个人问题	·你愿意出差吗？ ·你最大限度的出差时间可以保证多少？ ·你能加班吗？ ·你周末可以上班吗？		
自我评价	·你认为你最大的优点是什么？ ·你认为你最大的缺点是什么？		

续表

其他问题	·你期望的薪水是多少？ ·你为什么要换工作？ ·你认为你上一个工作的主要工作成绩是什么？ ·你对你上一个工作满意的地方在哪里，还有哪些不满？ ·你与你的上、下级及同事的关系怎么样？ ·你认为你有哪些有利的条件来胜任将来的职位？ ·你对我们公司的印象怎样？包括规模、特点、竞争地位等。 ·你对申请的职位的最大兴趣是什么？ ·介绍一下你的家庭情况。 ·对你的工作有激励作用的因素有哪些？ ·你更喜欢独自工作还是协作工作？

管理大视角

第一印象有时具有欺骗性

诸葛亮曾对识人有过一番精辟的论述，他说人"有温良而伪诈者，有外恭而内欺者，有外勇而内怯者，有尽力而不忠者"，这些话对于今天的管理者来说，同样具有深刻的启迪。

第一印象有时具有一些欺骗性，管理者应多花时间测试每位应聘者，尽力找出他们擅长什么，他们是否真正适合你的工作，他们具有什么工作技能，你是否能够训练和改变他们。

在招聘时，不要完全指望第一次面试就能全面了解一个应聘者。多研究一下他们的应聘材料，了解一下他们的有关背景，充分进行面试，才能避免被表面迷惑。管理者可以带上你所选中的候选人员去参观一下企业，观察他们对企业的兴趣程度，询问他们一些问题，让他们讲一下自己所做的事情，并表述一下自己。这样，才有利于发现最合适的人。

工具6　员工面谈记录表

姓名			应聘职位		
提要	面谈时在适当的格内打"√"。				
评分项目	配分				
	5	4	3	2	1
仪容仪表　精神面貌	极好	好	一般	较差	极差
体格健康	极好	好	一般	较差	极差
领悟反应	特强	很好	一般	稍慢	极差
对工作的相关知识了解	非常了解	很了解	了解	稍微了解	不了解
自身经历和公司匹配程度	极配合	配合	较配合	未尽配合	不配合
来本公司的服务意志	极坚定	坚定	普通	犹豫	极低
外文能力	区分	极好	好	一般	稍懂	不懂
	英文					
	日文					

总评	□拟予试用 □列入考虑 □不予考虑	面谈人	
		日期	

工具7　面试结果评价表

评价项目	评分
求职者的仪表和姿态是否符合本工作要求？	
求职者的态度及工作抱负与本单位的工作目标是否一致？	
求职者的气质、性格类型是否符合本项工作的要求？	
求职者的工作意愿是否能够在本单位得到满足？	
求职者的专长能否符合所聘用职位的工作要求？	
求职者的工作经历是否符合所聘用职位的要求？	
求职者的教育程度是否符合所聘职位的要求？	
求职者所要求的待遇及工作条件是否适合本单位所能提供的条件？	
求职者的自我表现能力（包括表情、语言、自信）如何？	
求职者的潜能是否在本单位有继续发展的可能？	
求职者的口头表达能力如何？	
求职者的综合分析能力如何？	
求职者的想象力和创造力如何？	
求职者的工作热情和事业心如何？	
求职者是否有足够的精力担当此项工作？	
求职者所表现出来的综合素质是否足以担当所要任命的工作职务？	
求职者的随机应变能力如何？	
综合评语以及录用建议：	

考核人签字：

高效管理员工的工具及表格

> 管理大视角

面试筛选

单位最经常使用的选拔方式是面试。主要根据测试结果以及申请表格等资料加以归纳和整理，并且根据面试中所得的印象，去判断申请人是否符合单位工作的要求。面试对于单位十分重要，主要是因为：第一，面试时，主考官直接面对申请人，可以对申请人做出判断并随时解决各种疑问，而申请表和测试无法做到这一点。第二，面试可以使主考官有机会判断和评估申请人的情绪控制能力以及是否热忱等性格特质。

为了使面试顺利进行，主考官必须掌握如下技巧。

（1）发问的技巧。为了营造一个良好的面试氛围，同时有针对性地对于申请人的某一方面状况或素质有所了解，主考官必须掌握一定的发问技巧，恰当地发问。

（2）听的技巧。这是主考官必须掌握的技巧，以便能够在申请人谈话时，获得所需信息。

（3）学会观察。对于申请人，主考官应留心观察，以便掌握一些有关申请人的信息。因为一个人的体态会在无意间暴露他的心态。例如，不敢抬头仰视对方的人很可能怀有自卑感，不断地晃腿或抖腿表明一个人的焦虑等。

工具8　面试新员工指导书

面试准备	凡事预则立，不预则废。有效的面试始于精心的准备。你的第一项任务是回顾从招聘表、简历、电话考察等来源得到的关于应聘者的信息。然后根据这些背景信息整理出一个面试指导。面试准备步骤表会指导你完成这项工作。它包括面试中两个部分的准备：为了解主要背景以及具体行为类问题的询问。它同时让你对进行每个部分的时间做出估计，这有助于你在实际面试中有效地分配和管理时间。

续表

面试准备	面试开始的初始印象往往决定了整个面试的基调。为了得到一个正面的印象，我们需要安排好一个专业的面试，并增强应聘者的自尊。这些安排包括消除潜在的干扰，比如电话以及突然闯入的其他人。一个不受干扰的应聘给应聘者的信息是：这个谈话很重要，面试官认为你也很重要。 尽可能地把面试安排在专用的面试地点。假如你的办公室或工作场所不满足私人谈话的条件，可以使用会议室。如果实在找不到私人谈话的地点，你应使应聘者的背部朝向其他人，使应聘者的谈话更开放。
开场白	1. 一个有效的面试开场白应做到以下几点 （1）让应聘者知道你想从面试中了解到什么、你打算如何去做。 （2）让应聘者知道他将从面试中得到什么。 （3）用积极的、友好的态度。 （4）帮助应聘者消除紧张心理。 2. 欢迎应聘者，告诉他你的名字和职位，为接下来的面试打下积极的基调 （1）明确表示你欢迎应聘者来应聘本单位的某个职位。 （2）赞扬应聘者的经验和成就，表示你想进一步了解他。 （3）感谢应聘者能够按时来面试。 3. 解释面试的目的，使应聘者明白面试的意义 （1）面试是双方深入了解的机会。 （2）有助于你进一步了解应聘者的背景和经验。 （3）有助于应聘者了解应聘的职位和组织。 4. 描述面试计划，告诉应聘者你将在面试过程中做的工作 （1）回顾应聘者的工作和经验，然后问他在过去的工作、经验中做过的事情的实例，以及他是如何做到这一点的。 （2）提供有关信息，并回答应聘者提出的有关职位和组织的问题。 （3）提供为了更好地做出决策，双方都应需要的信息。 （4）在面试过程中做记录。你可以向应聘者解释记录只是为了帮助你以后能记住面试的细节。 5. 简要描述应聘岗位工作 把话题转到主要背景了解部分，告诉应聘者你将开始了解他的背景情况，要告诉他在了解他的背景概貌后，你会问他更详细的信息。这将使应聘者大致明白你想要的信息的详细程度。

续表

主要情况了解	1. 对主要背景了解的准备 　　你在面试之前对应聘者的背景了解得越多，在面试中你将花费越少的时间去了解其主要背景。精心的准备意味着在面试中你只需花费几分钟来澄清和扩展你已经收集的信息。除了节省时间以外，你对应聘者的背景越熟悉，应聘者就越能感受到尊重。你要告诉应聘者，他的背景对于你很重要，你还想了解得多一点。这会使面试有个良好的开端，为整个面试定下积极的基调。 　2. 以下是一些帮助你准备了解背景的技巧 　（1）申请材料回顾。把所有有关的申请材料放在一起，包括：简历、申请表以及电话交谈的结果，看看哪些工作和经验与目标工作相关。 　（2）工作经验。进一步了解有关这些工作和经验的信息。注意那些你不太清楚以及你想进一步了解的地方（注意：此时你只是在寻找背景信息）。把你的问题写在适当地方。另外，记下你为了了解应聘者的工作经验，还需要什么样的补充问题。 　（3）断层。如果应聘者的工作或教育历史中存在断层，应该在背景回顾中和应聘者讨论存在的断层。只有通过交谈，你才能够清楚为什么会存在断层，以及这些断层是否对应聘者有负面影响。 　（4）如何做好背景回顾了解。做好背景了解的关键在于要使应聘者能够集中于只提供概貌性的信息。这是因为你要用5~8分钟做完这个部分。假如应聘者开始提供详细信息，你应该提醒他现在你正在询问一般性的信息，不必说得那么详细。 　　做完背景回顾了解后，再把话题引向行为类问题部分。告诉应聘者现在讨论需要转向以及他该怎样回答。比如： 　　很好，现在我想问你一些工作中的具体情况。当你向我描述这些情况时，希望你能详细告诉我你的行动和结果，怎么样？ 　　以这样的方式导向行为类问题部分，会使应聘者明白他该说些什么和怎么去说。 　3. 掌握背景回顾了解的技巧 　（1）在背景回顾方面不要浪费时间。现在不要问其他问题，但如果它们出现，可以先在相应的素质部分做个符号，等到问这项素质时再提醒应聘者继续讲。 　（2）集中精力于应聘者的教育和工作史中近期的、显著的以及与目标工作类似的方面。 　（3）不要问应聘者年代久远的问题。 　（4）当应聘者谈到他以前工作中令他满意和不满意的地方时，注意那些有助于评估其工作合适度、组织合适度以及地点合适度的信息。

续表

主要情况了解	（5）不要把断层和工作变换想当然地视为不太好的方面，要找出原因才能判断。 （6）只用必要的主要背景回顾结果。假如某位应聘者在同一职位上待了10年，那么他更早期的信息的使用价值很小。
行为类问题	行为类问题部分是面试指导乃至整个目标甄选法的核心。在这部分，你将收集详细的行为类信息，并用它们来评估应聘者在目标素质上的表现。 记录空间。当你记录回答时，能方便地看到是否缺了某个部分，以便用追问技巧来补全。面试过程中记录下可观察素质的情况，如交流能力和影响力这样的可观察素质。 1. 有负面影响的问题 一些事先设计好的行为类问题会问到应聘者的负面或敏感信息。尽管询问应聘者诸如一次错误的决策和一次失败的销售不是一件令人愉快的事情，但有重要的理由说明为什么要询问负面的问题： （1）可以全面、真实地了解应聘者的行为。为了全面地了解应聘者的行为和公平、准确地评估他，你既需要了解他的成功，也要了解他的失败。 （2）可以了解应聘者的一些严重缺点。假如一个应聘者因为不当和无效的行为反复失败，你应该在面试过程中就发现它们，而不是直到录用以后才发现。 （3）发现应聘者在哪些方面需要发展。知道应聘者在哪些方面需要改进，你就知道假如录用了这个人，需要花费多大的努力来对他进行培训。 2. 重组问题 你可以自由地根据应聘者的经验和面试流程来改变行为类问题的先后次序。重组问题时要注意：你应该保持问题性质的平衡，即中性问题、正面问题和负面问题的平衡。 （1）不要一次问太多的负面和敏感问题。 （2）应该在负面问题之间给应聘者足够的时间描述他成功的地方。 如果不注意保持问题性质的平衡，可能会使应聘者的自尊心受到伤害，会使他在面试中变得小心谨慎。
结束面试	当你要考察的素质都有了足够的反馈时，就该结束面试了。面试结束指导书能够使你做到： 1. 回顾你的记录，确定你是否需要附加信息或澄清什么信息。如果你真的需要更多信息，现在就有机会问附加问题。

续表

结束面试	2. 提供关于职位、组织和地点的信息，回答应聘者的问题。 3. 告诉应聘者招聘以后的步骤，感谢应聘者，结束面试。 4. 在面试结束后，使用分数框来给应聘者的某项素质打分。

工具9　员工聘用规定

员工聘用规定	
第1条	为加强本公司员工队伍建设，提高员工的基本素质，特制定本规定。
第2条	本公司系统所有员工分为两类：正式员工和短期聘用员工。 　　正式员工是本公司系统员工队伍的主体，享受公司制度中所规定的各种福利待遇；短期聘用员工是指具有明确聘用期的临时工、离退休人员以及少数特聘人员，其享受待遇由聘用合同书中规定。短期聘用员工聘期满后，若愿意继续受聘，经公司同意后可与本公司续签聘用合同，正式员工和短期聘用员工均应与本公司签订合同。
第3条	本公司各级管理人员不许将自己亲属介绍、安排到本人所分管的企业里工作，属特殊情况的，需由董事长批准，且介绍人必须立下担保书。
第4条	本公司各部门和各下属企业必须制定人员编制，编制的制定和修改权限见《人事责权划分表》，各部门用人应控制在编制范围内。
第5条	本公司需增聘员工时，提倡公开从社会上求职人员中择优录用，也可由内部员工引荐，内部引荐人员获准聘用后，引荐人必须立下担保书。
第6条	从事管理和业务工作的正式员工必须满足下述条件： 　　（1）大专及以上学历； 　　（2）2年以上相关工作经历； 　　（3）年龄一般在35岁以下，特殊情况不超过45岁； 　　（4）外贸人员至少精通一门外语； 　　（5）无不良行为记录。 　　特殊情况人员，经董事长批准后可适当放宽有关条件，应届毕业生及复员转业军人需经董事长批准后方可考虑聘用。

续表

第 7 条	所有应聘人员除董事长特批可免予试用或缩短试用期外，都必须经过 3~6 个月的试用期才可考虑聘为正式员工。
第 8 条	试用人员必须呈交下述材料： （1）由公司统一发给并填写的招聘表格； （2）学历、职称证明； （3）个人简历； （4）近期相片 2 张； （5）身份证复印件； （6）体检表； （7）面试或笔试记录； （8）员工引荐担保书（由公司视需要而定）。
第 9 条	试用人员一般不宜担任经济要害部门的工作，也不宜安排具有重要经济责任的工作。
第 10 条	试用人员在试用期内待遇规定如下： （1）基本工资待遇： 高中以下毕业：一等 中专毕业：二等 大专毕业：三等 本科毕业：四等 硕士研究生毕业（含获初级技术职称者）：五等 博士研究生毕业（含获中级技术职称者）：六等 （2）试用人员享受一半浮动工资和劳保用品待遇。
第 11 条	试用人员经试用考核合格后，可转为正式员工，并根据其工作能力和岗位重新确定职业等级，享受正式员工的各种待遇；员工转正后，试用期计入工龄，试用不合格者，可延长其试用期或决定不予聘用；对于不予聘用者，不发任何补偿费，试用人员不得提出任何异议。
第 12 条	正式员工可根据其工作业绩、表现以及年限，由公司办理户口调动。
第 13 条	总公司和各下属公司的各类人员的正式聘用合同和短期聘用合同以及担保书等全部材料汇总保存于总公司人事监察部和劳资部，由上述两个单位负责监督聘用合同和担保书的执行。
第 14 条	本规定适用于总公司、下属全资公司以及由公司控股、管理的合资公司。

高效管理员工的工具及表格

> 管理大视角

与新员工签订劳动合同

在招到新人之后，就要与之签订劳动合同。劳动合同中最重要的内容是关于员工的待遇问题，在确定员工待遇问题时，下面的策略有助于双方达成一个"双赢"的结果。

首先，要明确你想雇人干的工作所体现出的市场价值是多少。不要认为你现在支付的工资或你付给上一个做这一工作的人的工资准确地反映了市场价值。你有许多科学的渠道来了解有关资料。

你会了解到你支付的工资高于或低于正常的市场价值。如果你支付的薪水高于市场价值，与应聘者在待遇方面达成共识就很容易。如果你支付的薪水比市场价值低，你要么提高待遇；要么降低用人标准，另聘新人；要么说服员工接受此待遇。

其次，一旦知道了符合你能力要求的员工目前的市场价值，你需要知道自己的浮动范围有多大，极限是多少。在与应聘者协商待遇问题时，要做到心中有数，有自己的最高限和最低限。

要了解应聘者对自己人力资本价值的判断。

应聘者可能会觉得由于自己的特长和能力，他应享受的待遇高于市场平均值，这也是合情合理的。接下来，你需要决定是否愿意为他的特长和能力付出更多的薪水。如果你觉得不值，不用理他，继续其他工作。

另外，应聘者所希望的薪水也许比你准备支付的少。在这种情况下，你会心中窃喜地出个低价，为这笔合算的"买卖"而高兴。但请注意，新员工迟早会发现你支付的薪水太低了，那样对谁都不利。你最好如实相告，适当提高待遇水平。

当然，你很可能会与应聘者相持不下，你需要观察谁占优势，也就是谁占上风。一旦弄清楚这一点，你就会知道到底谁需要谁。很显然，占上风的将坚持自己的条件，而占下风的无疑要作出必要的让步。

你可以抓双方谈判中的重点问题进行研究，对重点问题要集中力量解决，如月工资、员工福利保险等。

在双方长时间的谈判之后，你应该对你能提供的待遇作出判断。要注意诚恳待人，不要许诺你做不到的事，更不要过分吹嘘。

切记，不要无休止地等待。如果你向应聘者提出待遇条件后，两三天之后没有得到答复，那就主动跟他们联系。问问他们是否有什么问题需要解决。

在经历了谈判之后，你将与新员工签订具有法律效力的劳动合同，双方都要严格遵守。

工具 10　员工聘任书

录用通知

企业名称_____联系人_____

报道时间_____年___月___日___上（下）午___时___分

发聘日期：_____

应聘保证书

企业名称_____ 负责人_____

　贵公司于____年____月____日所发录用通知已经收到。本人肯定按贵公司所要求时间报到，保证如约到贵公司就职，上述保证由本人亲属提供担保。

姓名_____（签字或印鉴）　现住址_____

亲属提保人_____（签字或印鉴）　现住址_____

收到日期：____年____月____日

正式聘任书

兹聘请_____先生（女士）为本公司_____部_____（职位）

在聘期间

自_____年_____月_____日起

至_____年_____月_____日止

总经理

_____年_____月_____日发

管理大视角

作出正确的录用决定

　　在录用的过程中，应注意在合格人选条件差不多的情况下，优先录取那些工作经验丰富且之前工作绩效较好的人选。招聘录用人才应遵循重视工作能力的原则，如果合适人选的工作能力相同，则要优先录取那些工作动机较强的候选人。

　　作出录用决定时要集中精力，全力解决你所了解的事情，忽略那些你不了解的事情。

在作最后的聘用决定时要记住四点。

1. 使用全面衡量的方法

我们要录用的人才必然是符合单位需要的全面人才，对于我们所需要的各种才能分别赋予不同的分值权重，然后用加权法求出各个应聘者的得分总值。录用那些得分最高的应聘者。

2. 尽量减少作出聘用决定的人

在选择聘用决定者时也要坚持少而精的原则，只用那些确定需要的人。为什么要把所有人都叫来作决定呢？那样做只会给录用决策增添困难，因为每一个人都有自己的录用偏好，都希望自己的建议得到采用，并为此而争论不休，浪费了大量的时间和精力以及金钱，而且由于你们将讨论的是应聘者的长处和短处，这些材料外露不利于应聘者在单位生存。

一般而言，作决定时只请那些直接负责考查应聘者工作表现的人，以及那些会与应聘者共事的人，如某个部门的领导或主管。

3. 不要拖拖拉拉

如今，优秀的人才在市场上成为抢手货。谁都不希望看到这样的结果：花了许多时间作出决定，结果却发现你最终想录用的应聘者已经接受了别的工作，或者他对你的那份工作不感兴趣了。在作出录用决策时该出手就出手，切勿拖拖拉拉，以免延误时机。

你不能推迟录用时间，希望应聘者开的筹码降低些。否则，如果你与他人为争得这名优秀员工不得不竞相给出高价，或不得不重做招聘工作，那么费用肯定会上升。

你应该旗帜鲜明地开展工作，并学会取舍，既要有勇有谋，也不能谋而不断。要尽快作出决定，然后付诸行动。

4. 不能吹毛求疵

有些招聘者录用人才时喜欢吹毛求疵，希望人十全十美，遇到一点小毛病便挑剔，永远都不满意。我们必须知道，世上永远没有最优，只有最令人满意。我们必须分辨出哪些能力对于完成这项工作是不可缺少的，哪些是可有可无的，哪些是毫无关系的，抓住问题的主要方面，才能招到合适的人才。

工具 11　员工报到通知书

录用员工报到通知书

×××先生（女士）：

　　您应聘本公司_____职，经复审，决定录用，请于____年___月___日（星期　）上午____时，携带下列物品文件及详填函附之表格，向本公司人事部报到。

　　居民身份证；

　　个人资料卡；

　　体检表；

　　保证书；

　　二寸半身照片____张。

注意事项：

　　报到后，本公司将为您做职前介绍，包括让您知道本公司人事制度、福利、服务守则及其他注意事项，使您在本公司工作期间满足、愉快，如果您有疑虑或困难，请与本部联系。

此致

人力资源部　启
年　月　日

工具 12　新员工试用申请及核定表

试用申请	姓名		性别	□男　□女	试用部门		部　　厂处 依　字第　号奉准增补 拟派任工作： 拟训练计划 　主管：　　经办
	籍贯						
	年龄						
	地址						
	服役						
	学历						
	专长				甄选部门		甄选方式：□公开招考 　　　　　□推荐挑选 甄选日期：年 月 日 办理经过： 评语：
	资历						
	直接主管意见				人事部门		预定试用日期： 自　年　月　日 至　年　月　日 拟暂工资：自试用日起 暂支　　元 其他意见：
	董事长意见				经理意见		

续表

事业关系室		试用部门	试用期间： 自　年　月　日 自　年　月　日 工作项目： 工作情形：
人事部门	考勤记录： 意见：职位： 　　　薪资： 　　　其他：		评语： □拟下式任用 □拟予辞退 拟给职位：自　月　日起 以　　任用 拟给工资：自　月　日起 支　元 其他：
直接主管意见			主管　　　经办：
	董事长	总经理	经理

工具 13　员工试用标准表

职别	无工作经验		2年以下非相关经验		2年以上非相关经验		2年以下相关经验		2年以上相关经验	
	试用期	工资级别	试用期	工资级别	试用期	工资级别	试用期	工资级别	试用期	工资级别
非技术作业员										
技术作业员										
技术员										
制图员										

续表

职别	无工作经验		2年以下非相关经验		2年以上非相关经验		2年以下相关经验		2年以上相关经验	
	试用期	工资级别	试用期	工资级别	试用期	工资级别	试用期	工资级别	试用期	工资级别
一般员工										
初级工程师										
工程师										
高级工程师										
助理										
主管										
业务员										
经理助理										
副总经理										
经理										
总经理助理										

管理大视角

不要冷落了新员工

最初的就位工作完成之后，不要就此停止，要继续做好维系新员工的工作。因为有的员工会因为得不到培训或缺乏工作动力而离职。当他们缺乏成就感时，就会到其他地方寻找机会。下面几点建议有助于使员工树立责任感。

第一点：保持员工的积极性。让员工们认识自己对于单位的重要性。说一句赞扬或鼓励的话只需几秒钟，但却能大大鼓励员工的工作积极性。

第二点：为员工提供岗位培训。你应该使员工具备取得成功所需要的新知识和新手段。成功的因素会随着时间的变化而变化，因此要使员工了解本行业的最新信息。这需要你制订长久的培训计划并实施。

第三点：与员工开展双向交流，加强沟通。领导与员工需要就工作表现、贡献、事业发展和未来的薪酬等问题进行双向交流。这有助于员工清楚自己的努力方向。

第四点：多向新员工学习，可以增强员工的成就感，让员工感到有前进的动力。

工具14 试用员工转正考核表

姓名		试用部门		职位	
入职时间		试用期		试用期待遇	
自我评价					签名
部门考核综述					签名
常务经理或经理意见					签名
部门主管意见		人力资源部经理意见		常务经理或经理意见	
签名：		签名：		签名：	

续表

转正考核结果	□正式录用 转正时间： 年 月 日 转正薪资： 级 元/月，月考核工资 元 职位： □延长试用 延长试用时间： 年 月 日止 □解聘 离职时间： 年 月 日
备注	本表依照人事管理审批权限逐级核准

管理大视角

试用期试什么及怎么试？

（1）企业文化匹配度：主要看价值观、做事风格等是否一致。一个讲究团队合作的公司，有的人更喜欢自己做自己的，一个经常加班的公司，有的人只愿意朝九晚五，事情本身没有对错，而是不匹配。

（2）职业态度：职业态度是指个人对职业选择所持的观念和态度。一个人对工作的看法不一样，采取的行动也不一样，可以片面理解为职业成就动机。一个没有任何职业成就动机的人，很难说工作认真、负责、用心和勤奋，把工作当成是生活中的重要组成部分的人，才能勤奋敬业，仅靠装是装不出来的。所以观察是重要的方法，从多方面感知员工的工作态度。比如下班时是否完成工作，未完成会不会跟主管主动沟通，下班是径自走掉还是跟主管打声招呼，下班临时加一个任务是愉快接受还是拒绝，即使有条件接受也心不在焉，等等，根据岗位实际情况来看，另外可以观察试用期员工如何处理工作和生活的冲突。

（3）职业能力：职业能力包括一般职业能力（比如学习能力、人际交往能力、团队协作能力、适应能力等）、专业能力和综合能力。同样不是理论课，那就换种方式讲，把这些能力体现形式称为工作方法，而工作方法来源于经验和思维能力。试员工的工作方法，比如可以安排一个很具体而细小的事情让他做，或者安排一个很难的事情或者毫无头绪的事情，看他做事情的方法；再询问他为什么这么做，能否提炼出有价值的观点等，如果是专业性比较强的岗位就要结合实际工作内容来安排。

（4）职业绩效：一般情况下，我们的绩效以结果为导向，做事有没有结果换句话说就是执行力。做事有计划、有条理，会统筹安排，直到有明确结果为止，就是有执行力的一种表现。

以上都是可以在岗位职责、胜任力模型和KPI等书面的内容中体现出来的，既给新入职员工划了重点，也可以作为员工转正评估的重要资料。

工具15　试用员工转正申请表

姓名		任职岗位		到岗日期	
申请人自述	说明：请根据以下标题内容填写					
	服从领导调配情况					
	完成交办任务情况					
	工作态度表现情况					
	工作能力与技巧					
	自身优点与缺点					
	总评		签字：			

续表

部门负责人评价	个人品行：□好　□可以接受　□一般　□差 协调能力：□好　□可以接受　□一般　□差 工作能力：□好　□可以接受　□一般　□差 工作效率：□好　□可以接受　□一般　□差 工作态度：□认真　□可以　□一般　□差 工作品质：□好　□可以接受　□一般　□差 合作精神：□受欢迎　□能接受　□一般　□差 工作责任心：□强　□可以接受　□一般　□差 是否适合目前岗位：□胜任　□合格　□一般 是否调换岗位：□是　□否 相关业务熟练程度：□熟练　□合格　□再试用 是否聘用：□正式聘用　□延长试用期　□不聘用 该员工发展方向：□管理类　□专业类　□营销类　□其他 是否能提任更高职务：□可以　□有能力但目前不适宜　□暂不考虑 主管意见： 　　　　　　　　　　　　　评价人签字：
人力资源部评价	评价人签字：
总经理批示	签字：　　　　　日期：

59

第三章
员工培训与教育管理工具

工具1　员工培训管理制度

员工培训管理制度	
培训对象	公司员工培训，其一是对新招聘的员工进行岗前培训，其二是对老员工进行在职培训。岗前培训的内容主要是学习公司规章制度、基本的岗位知识、实际操作技能、基本的专业知识，以便较快地适应工作。员工在职培训的主要内容是干什么学什么，从实际出发，更新专业知识，学习新的业务和技术。
培训要求	员工培训要按计划、分批分阶段，按不同的工种和岗位需要进行培训，要结合实际，注重实用性，逐步提高员工队伍素质。
培训内容	（1）员工培训主要应根据其所从事的实际工作需要，以岗位培训和专业培训为主。 （2）管理人员应学习和掌握现代管理理论和技术，充分了解政府的有关方针、政策和法规，提高市场预测能力、决策能力、控制能力。 （3）专业技术人员如财会人员、工程师、工程技术人员等，应接受各自的专业技术培训，了解政府有关政策，掌握本专业的基础理论和业务操作方法，提高专业技能。 （4）基层管理人员应通过培训充实自己的知识，提高各自的实际工作能力。 （5）基层工作人员须学习公司及本部门各项规章制度，掌握各自岗位责任制和要求，熟悉顾客心理，学会业务知识和操作技能。 （6）公司的其他人员也应根据本职工作的实际需要参加相应的培训。
培训方法	（1）专业教师讲课，系统地讲授专业基础理论知识、业务知识，提高员工的专业理论水平和专业素质。 （2）本公司业务骨干介绍经验。 （3）组织员工到优秀企业参观学习，实地观摩。
培训形式	（1）长期脱产培训，培养有发展前途的业务骨干，使之成为合格的管理人员。 （2）短期脱产培训，主要适用于上岗培训，或某些专业性强的技术培训。

管理大视角

培训的含义

培训和开发活动，是人力资源管理的重要组成部分，是维持整个组织有效运转的必要手段。及时地、连续地、有计划地培训和开发组织内部的人力资源，是保持和增进组织活力的有效的途径。

培训可以促进内部成员学习，目的是改善成员行为，增进其绩效，更好地实现组织目标。从某种意义上说，培训管理是一个组织学习活动和提高学习效率的过程，是企业管理者和培训专家依据组织战略目标制定培训政策，筹划培训项目，并付诸实施的过程。

工具2　新员工教育培训规定

新员工教育培训规定	
目的	为培养新员工的劳动意识，传授基本的业务知识，提高其劳动技能，特制定本规定。
原则	培训教育要消除新员工对新环境的恐惧和不安，培养他们对企业的信赖感，使之成为企业的优秀员工。
分类	培训教育包括正式工作前的以修养、知识为主的就职培训；基层管理者在生产实践中进行的不脱产的业务教育指导。
培训资料	根据培训教育计划，在不同的培训阶段，向学员分发指导手册、视听教材、参考资料和专业教材。
时间安排	就职教育由人力资源部出面组织，从新员工报到后开始进行，时间为3天。 第一天主要介绍企业的沿革、组织机构、业务范围及未来发展。 第二天主要介绍就业规则、工资报酬、考勤制度、职业道德、安全卫生规则等。 第三天进行企业业务知识介绍及实地参观。

续表

临时录用人员培训	临时录用人员的培训，根据实际需要不定期进行。
业务培训实施	业务培训由各主管部门组织，首先提出培训计划，其中包括：培训者名单、培训内容、培训时间、教师与教材、经费预算等，然后正式组织实施。
培训过程管理	在培训过程中，主管部门领导要给予指导、督促和检查，注意协调各种关系，尽量提供各种条件。
培训实施后管理	培训教育结束后，要由指导者和被指导者分别提出培训报告，并由人力资源部加以评价分析。

工具3　新进员工指导方法

新进员工指导方法	
如何使新进人员有宾至如归的感受	当新进人员开始从事新工作时，成功与失败往往取决于其受雇的最初数小时或数天。在初始期间内，最易形成好或坏的印象。 新工作、新上司与新进雇员一样地受到考验，由于该工作需要他，不然他就不会被雇用，所以主管人员成功地给予新进雇用人员一个好的印象，与新进人员要给予主管人员好印象同样重要。
新进人员面临的问题	（1）陌生的脸孔环绕着他； （2）对新工作是否有能力做好而感到不安； （3）对于新工作的意外事件感到胆怯； （4）不熟悉的噪声使他分心； （5）对新工作有力不从心的感觉； （6）不熟悉公司规章制度； （7）对新工作环境陌生； （8）不知道上司属哪一类型； （9）害怕新工作将来的困难很大。

续表

对新进人员友善地欢迎	（1）主管人员去招待新进雇用人员时，要有诚挚友善的态度； （2）使他感到你很高兴他加入你的单位工作，告诉他你的确是欢迎他的，与他握手，对他的姓名表示有兴趣并记在脑海中，要微笑着去欢迎他； （3）给新进人员以友善的欢迎是很简单的道理，但却常常被主管人员所疏忽。
介绍同事及环境	（1）新进人员对环境感到陌生，但当把他介绍与同事们认识时，这种陌生感很快就会消失； （2）友善地将公司环境介绍给新同事，使他消除对环境的陌生感，可协助其更快地进入状态。
使新进人员对工作满意	（1）最好能在刚开始时就使新进人员对工作表示称心； （2）这并不是说，故意使新进人员对新工作过分乐观，但无论如何要使他对新工作有良好的印象； （3）回忆一些当你自己是新进人员时的经验，回忆你自己最初的印象，回忆那时你的感觉如何，然后推己及人，以你的感觉为经验，在新进人员加入你单位工作时去鼓励和帮助他们。
与新进人员做朋友	以诚挚及协助的方式对待新员工，可使其克服许多工作之初的不适应与困难，如此可降低因不适应环境而造成的离职率。
详细说明公司规定	新进人员常常因对公司的规定不明了而造成一些不烦恼及错误，所以新进人员报到之初，第一件必须做的事就是让他明白与他有关的公司各种规定，然后，他将知道公司对他的期望是什么以及他可以为公司贡献些什么。
需仔细说明规定	（1）发薪方法； （2）升迁规定； （3）安全法规； （4）休假规章； （5）员工福利措施； （6）工作时间及轮值规则； （7）旷工处分办法； （8）冤屈申诉程序； （9）劳资协议； （10）解雇的规定； （11）在职雇员行为准则。 上述规定务必于开始时即向新员工加以解释。

续表

如何解释公司规定	（1）对新进人员解释有关公司规定时，必须使他们认为对他们是公平的。假如主管人员对新进人员解释规定，使他们认为规定的存在处处威胁着他，那他对他的新工作必不会有好的印象； （2）所有公司的规定都有其制定的理由，主管人员应将这些理由清楚地告诉他们； （3）假如把公司规定制定的理由一开始就详细地告诉新进人员，他将非常高兴而且承认它们的公正与重要性； （4）新进人员有权利知道公司的每一项规定制定的理由，因为当一个新进人员在参加一项新工作时，是着手与公司建立合作的关系，因此，越是明白那些理由，则彼此间的合作越密切； （5）向新进人员坦诚与周到地说明公司规定及制定的理由，是主管人员的责任，这是建立劳资彼此谅解的第一个步骤。
给予安全训练	（1）配合新进人员的工作性质与工作环境，提供安全指导原则，可避免意外伤害的发生，安全训练的内容是： ①工作中可能发生的意外事件； ②各种事件的处理原则与步骤； ③仔细介绍安全常识； ④检查人员对安全的了解程度。 （2）有效的安全训练可达成以下目标： ①新进人员感到他的福利方面已有保证； ②建立善意与合作的基础； ③可防止在工作上造成意外事件； ④人员可免于时间损失，而加强其工作能力； ⑤可减少人员损害补偿费及医药服务费的支出； ⑥对建立公司信誉极有帮助。
解释给薪计划	新进人员极欲知道下列问题： （1）何时发放薪金； （2）上下班时间； （3）何时加班，加班工作能赚多少钱； （4）发放薪金时，希望知道在保险、公共安全等不同的项目上已扣除多少钱； （5）额外的红利如何；

续表

解释给薪计划	（6）薪水调整情况如何； （7）薪金在何处领取； （8）如何才能增加工资所得； （9）人力资源部负责处理的事务为何； （10）休假、请假的规定。 　　因此，把公司给薪制度详细地告诉新进人员，可提高员工士气，增强进取心，同时亦可避免不必要的误会。
升迁计划说明	几乎不可能有人会满足最初工作或原来职务而不思上进的。所以，工作上晋升的机会对新进人员而言是十分重要的，也务必于人员初进公司时即加以说明。但切记不做任何肯定的承诺，以免将来所雇人员不适任时，有可能导致承诺不能兑现的困扰。以下是适当的说明内容： （1）对新进人员解释，单位内同事们已取得哪些成就，同时他们遵循什么方法在做； （2）很坦白地告诉他，晋升是根据工作表现而定的； （3）使他了解，若要有能力处理较难的工作，必须先有充分的准备功夫； （4）提供一些建议，若要获得升迁的机会，必须做哪些准备； （5）很清楚地说明，晋升并不能由偏袒或徇私而获得； （6）升迁之门对好员工是永远敞开的。

工具4　新员工培训计划表

受训人员	姓名		培训时间	月　日　至 月　日　止	辅导员	姓名	
	学历					部门	
	专长					职称	

| 高效管理员工的工具及表格 |

续表

项次	培训时间	培训日数	培训项目	培训部门	培训员	培训日程及内容
1	月 日 至 月 日 止	天			职称： 姓名：	
2	月 日 至 月 日 止	天			职称： 姓名：	
3	月 日 至 月 日 止	天			职称： 姓名：	
4	月 日 至 月 日 止	天			职称： 姓名：	
5	月 日 至 月 日 止	天			职称： 姓名：	
6	月 日 至 月 日 止	天			职称： 姓名：	
	经理			审核	拟定	

管理大视角

确保员工能够从培训中学到有用的东西

员工培训是出于工作的需要，然而，有效的培训不能仅仅依靠领导的意愿和热情，更重要的是使培训带来实际收益。在对下属进行培训之前，管理者需要判断哪些人真正需要接受培训，哪些人能够真正从自己接受的培训中受益，培训的具体目标是什么，提高整个团队在哪一方面的能力。让我们来看看英国航空公司在这一点上是如何做的。

1980 年前后的那段时间对于英国航空公司来说无异于一场噩梦：公司连续两年大幅亏损，糟糕的经营使它的乘客们称这家航空公司为"血腥恐怖"的公司。为了彻底扭转这种糟糕的局面，新上任的总裁科林·马歇尔决定采取措施。在经过考察和分析之后，他得出结论：服务质量不高是问题的症结所在。于是，他在公司上下展开了一场大规模的培训行动。培训中始终强调的核心是：任何一种竞争优势都必须存在于它为顾客提供的服务中。培训的结果是积极和显而易见的。利用相同的航线、相同的工作人员、相同的技术，英航一举转变为世界上最受欢迎的航空公司之一。在科林·马歇尔看来，这是培训的力量，因为员工们从培训中学到了对他们有用的东西。

工具 5　新员工培训表

第一步骤　公司概况	
月　　日　　地点：	授课人：
1. 企业的目标是什么？ 2. 本公司的经营理念与历史。 3. 公司的组织。 4. 各部门的工作。 5. 公司产品的基本知识。 6. 何谓利益。 7. 底薪、津贴的说明。	

续表

第二步骤　商业基本礼仪	
月　　　日　　地点：　　　　　　授课人：	
1. 修饰外表的重点。	
2. 上班、下班时的规则。	
3. 问候、措辞的基本礼节。	
4. 了解工作的流程。	
5. 致力于工作的态度。	
6. 访问的应对方式。	
7. 拜访的规则。	
8. 电话的打法、应对法。	
9. 与上司或同事的交往方式。	
第三步骤　工作注意事项	
月　　　日　　地点：　　　　　　授课人：	
1. 指示、命令的接受方式。	
2. 工作的步骤、准备。	
3. 报告、联络、协商的重要性。	
4. 工具、机器的使用方法。	
5. 协作、团队精神的重要性。	
6. 例行会议、洽商。	
7. 整理、整顿、决算的重要性。	
备注：本表用于企业老员工给新进员工介绍公司概况、商业基础礼仪及有关工作的注意事项，以便新员工很快融入角色。	

管理大视角

员工培训需从更新观念开始

　　大多数管理者才华横溢，能力超群，在很多观念上具有前瞻性。但是，在人才培训的认识方面还有部分管理者认识不足，甚至抱着消极的态度。所以要进行有效的培训，务必从更新观念开始。

　　要更新观念，首先看人们对培训有什么样的误区，并对照自己的观念，看有没有需要更新之处。

1. 培训是可有可无的

一些管理者认识不到培训是企业发展的新动力，他们想：这些年企业一直未搞培训，还不是照常运作？这种观念实在可怕。当今社会是个飞速发展的社会，各种知识日新月异。如果你的员工两年没有接受任何培训，他们的知识就落伍了。当前市场竞争的关键是人才竞争，而人才的价值在于其积极的态度、卓越的技能和广博的知识。由于知识和科技高速发展，每个人的知识和技能都在快速老化。为适应社会环境以及市场的快速变化，企业人才素质的提高显得尤为重要。

2. 培训收不到什么效益

目前许多企业经营者偏重广告投入，轻视显效期较长的"培训"投资。这主要是有些管理者错误地认为培训是一种成本，能省则省。企业效益差时，因资金不足就尽量减少培训或者干脆不培训。

实际上，培训是一种可获得回报的间接投资，它通过人才技能、素质的改变提高工作效率，带来经济效益，其效果是潜移默化的、无形的。

3. 企业目前经营状况良好，无须培训

一些企业管理者常说："我们的企业发展很好，是不需要培训的。"但真的是这样吗？未必。据统计，世界500强企业的平均寿命为30年，美国80%的新企业在第二年就宣布倒闭。中国的企业转向市场经济的时间并不长，但已感到市场经济竞争的严酷性。目前，经营状况良好，并不意味着未来会经营得更好，而且由于缺乏人才培训，经营状况原本可以更好的企业也表现平庸。成功企业的经验反复证明了一点。

4. 培训只是培训部的事

一些高层管理者常常有这样的认识："员工是人力资源部招收的，培训部是负责培训的，员工素质不行是培训部培训得不好，出现问题不是我的责任。"

其实，企业培训是一项系统工程，不仅是培训部的事情，企业管理者需要在培训的前期准备、策划和选择过程中帮助和支持培训部，培训实施中还要加强监督、沟通和评估，以免使培训项目事倍功半。

5. 流行什么就培训什么

有的企业培训工作流于形式，表现在对培训课题的定位不明，缺乏针对性，流行什么就培训什么，表面上看，企业的培训工作开展得轰轰烈烈，其实是无的放矢，效果并不理想。

培训的首要目的应该是满足企业长期发展的需要，将培训与企业长期发展目标以及员工的生涯设计相结合，有针对性地进行需求分析，才能真正取得实效。

培训员工是一项很重要的工作，而建立正确的培训观念，是促使培训工作能顺利进行和达到预期效果的前提。所以，管理者在培训之初，一定要树立培训员工的正确观念。

工具6 新员工培训成果检测表A

检测项目	第一次评价	第二次评价
○工作流程		
□1. 了解工作的流程		
□2. 了解公司上下关系的重要		
□3. 了解公司横向的联系、合作关系		
□4. 了解与同事间和睦的重要性		
□5. 做一件工作必定有始有终		
○指示、命令的重要性		
□1. 了解上司的指示、命令的重要性		

续表

检测项目	第一次评价	第二次评价
□2. 将上司的指示、命令记录备忘		
□3. 指示、命令若有不明了之处，必定确认到懂为止		
□4. 复诵指示、命令，加以确认		
□5. 遵守指示、命令		
○做的步骤、准备		
□1. 了解工作步骤的重要		
□2. 了解工作准备得当，进展就顺利		
□3. 了解工作步骤的组织方式		
□4. 了解工作的准备方式		
□5. 按照步骤、准备程序完成工作		
○报告、联络、协商		
□1. 了解报告、联络、协商是工作的重点		
□2. 报告时，先讲结论		
□3. 联络应适时、简要		
□4. 了解协商可以使工作顺利完成		
□5. 即使被挨骂的事也向上司报告、联络、协商		
○工作的基本常识		
□1. 学会工作上使用的机器、工具的操作方法		
□2. 了解公司的工作大部分要靠团队合作来完成		
□3. 了解会议或洽商的重要性		
□4. 了解会议或洽商时应有的态度		
□5. 了解工作上完成期限或交货期的重要性		

本表从工作的流程、指示、命令的重要性等五大方面检测新成员是否具备了一定的工作素养。

工具7 新员工培训成果检测表B

检测项目	第一次评价	第二次评价
○公司的经营理念		
□1. 了解公司的经营理念		
□2. 随口能背出经营理念		
□3. 会逐渐喜欢经营理念		
□4. 以经营理念为荣		
□5. 以经营理念为主题，写出感想		
○企业存在的意义		
□1. 了解企业的社会存在意义		
□2. 了解本公司的社会使命		
□3. 了解何谓利益		
□4. 了解创造利益的重要性		
□5. 了解什么是工资与福利		
○公司的组织、特征		
□1. 以简单的图解表示出公司的组织		
□2. 了解各部门的主要业务		
□3. 了解公司的产品		
□4. 能说出公司产品的特征		
□5. 能说出公司的资本额、市场比例等数字		
○热爱公司的精神		

续表

检测项目	第一次评价	第二次评价
□ 1. 了解公司的历史概况		
□ 2. 了解公司创业者的信念		
□ 3. 了解公司的传统		
□ 4. 喜欢公司的代表颜色或标志		
□ 5. 由内心产生热爱公司的热忱		
○业界的理解		
□ 1. 能说出公司所属的业界		
□ 2. 了解业界的现状		
□ 3. 了解公司在业界的地位		
□ 4. 能说出如何提高公司在业界的地位		
□ 5. 强烈地关心业界的整体动向		
本表从公司的经营理念企业的存在意义等方面检测新进员工对本公司了解的情况		

管理大视角

要努力营造适宜人才发展的空间

高薪并不是人们的唯一追求，一个有才能、有志向的人，除了要看报酬外，他更看中自己将要立足的岗位是不是有利于施展才华，发展的空间大不大等非金钱因素。

要让员工充分认识企业的发展前景，感到有"奔头"，有发展前途，对公司产生信任感、安全感，他们就会"自动自发"地为企业服务。

要科学设岗，使人才在各自的岗位上，既能施展才干，又能学到新本领。

要注重企业内部的人才流动，在一个岗位干好了，就要及时根据其能力，使人才的活动舞台更广泛，形成一种"海阔凭鱼跃，天高任鸟飞"的生动活泼的局面。

工具 8　新员工培训成果检测表 C

检测项目	第一次评价	第二次评价
○修饰外表的重点		
□1. 服装整体而言有干净整洁、稳重的感觉		
□2.（女性）不浓妆艳抹,（男性）不喷太浓香水		
□3. 服饰配件或手表等搭配不会过于华丽		
□4. 头发不会脏乱，不随便染发		
□5. 鞋子不会脏		
○上班、下班的规定		
□1. 比上班时间更早到公司		
□2. 早晨的问候很清脆、有精神		
□3. 不会在下班时间之前就收拾准备回家		
□4. 整理收拾桌上或周围东西后才下班		
○问候、措辞		
□1. 与上司或同事打招呼应清脆、愉快		
□2. 措辞不会像学生时代那样草率		
□3. 确实地回答是或不是		
□4. 了解敬语的用法		
□5. 上班中不闲聊		
○致力于工作的态度		
□1. 充满干劲		
□2. 表现出对新工作的关心与兴趣		
□3. 持尽早学会工作开展方法的态度		

续表

检测项目	第一次评价	第二次评价
□4. 不会毫无理由随便离开座位		
□5. 有时间观念		
○电话、会客的方式		
□1. 接电话时不会胆怯		
□2. 按电话前一定准备纸、笔		
□3. 了解会议或洽商的重要性		
□4. 了解会议或洽商时应有的态度		
□5. 了解工作上完成期限或交货期的重要性		

请与新进职员年龄相近的前辈来指导，比较容易有好的结果。
本表从修饰外表的重点，上班、下班的规定等方面检测新进成员的礼仪及待人接物情况。

工具9 员工培训需求调查表

培训类别	培训内容	是否同意	参加人员			培训方式				
			自愿参加	指定人员	部门全体员工	课堂授课	在实践中演示	标杆	座谈提问	其他
公共教育	1. 公司发展史、组织结构、主要业务									
	2. 公司规章制度及福利待遇									
	3. 其他	说明：								

续表

培训类别	各部门员工根据各自的岗位特点提出需求	是否同意	参加人员			培训方式			
			自愿参加	指定人员	部门全体员工	课堂授课	在实践中演示	标杆	座谈提问	其他
业务知识	1.计算机/IT行业									
	2.互联网方面									
	3.交际、谈判									
	4.广告创意									
	5.写作									
	6.网页制作									
	7.通信									
	8.市场调查									
	9.其他	说明：								
其他知识	说明：									

管理大视角

培训内容的一般分类

员工培训的完整内容是，通过各种引导或影响，从知识、技能、态度等方面改进职工的行为方式，以达到期望的行为标准。

一个公司的员工培训工作应包括三方面内容。

（1）知识培训。通过这方面培训，使员工具备完成本职工作所必需的指示，包括基本知识和专业知识。还应让员工了解公司的基本境况，如公司的发展战略、目标、经营状况、规章制度等，使员工能较好地参与公司活动。

（2）技能培训。通过这方面培训，使员工掌握完成本职工作所必备的技能，包括一般技能和特殊技能，如业务操作技能、人际关系技能等，并培养开发员工这方面的潜力。

（3）态度培训。员工的工作态度对员工士气及公司影响甚大。通过这方面培训，公司与员工之间相互信任，培养员工的团队精神，培养员工应具备的价值观，增强其作为公司一员的归属感和荣誉感。

工具 10　员工培训计划表

单位			编号		
工号	姓名	工作类别	培训项目	备考
批准		审核		拟定	

工具 11　员工培训记录表

部门										
姓名	1			2			3			合计费用
	培训名称	时间	费用	培训名称	时间	费用	培训名称	时间	费用	
说明										

年度栏位于表格右上方。

管理大视角

培训是一种管理工具

无论何时何地，都应当把培训看作一种管理手段，而且是一种有效的管理手段，因为它不是在消极地约束人的行为，而是在积极地引导人的行为。管理者期望通过培训和开发活动促进组织目标的实现，这一过程必须通过影响员工在特定工作情景下的行为选择完成。如果说接受培训之后的员工工作绩效有所提高，那是通过行为目标和方式的改进实现的。把职工培训看作一种管理工具，也就是要通过培训员工塑造员工的合理行为。

工具 12　培训效果调查表

1.说明：近三个月来，本部门已经举办以下在职培训：
（1）_____　（4）_____　（7）_____
（2）_____　（5）_____　（8）_____
（3）_____　（6）_____　（9）_____

2.请各单位主管就所属学员参加训练后发生一些变化，于调查表所示各项目之适当栏打"√"，于____月____日前交人员培训部。

绩效基准	很好	略好	无改变	略坏	很坏	不知道
工作量的提高						
工作质量						
工作安全责任意识						
环境维护意识						
员工的态度和激情						
员工出勤率						
填表部门				填表人		
备注						

工具 13　在职人员职位培训记录表

部门					姓名			工号	
项次	培训时职位	培训课程名称	课程编号	培训日期	时数	累计时数	成绩评核记录	综合能力评级	其他
1									
2									
3									
4									
5									
6									
7									
8									
9									
10									
11									
12									
13									
14									
15									
16									
17									
18									
19									
20									
备注									

管理大视角

让下属树立理想

理想是一个人的精神支柱，是完成各项事业的向心力、凝聚力和推动力。理想就是一个人要达成的目标，就是一个要实现的梦想。有人想过无所事事的生活，这是他的理想。有人想得到更多的物质，这是他的理想；有人想干一番轰轰烈烈的事业，这是他的理想。总之，不同的人有不同的理想，我们这里要说的理想是需要经过努力奋斗方能达成的目标。有了这样的思想，才能不因一时的得失而丧志，才能在工作中不折不挠地对待失败，又能冷静地看待成功。因此，让员工树立崇高的理想也是培训的重要方面。

工具 14 在职人员培训测验成绩登记表

部门			训练课程				测验日期	
编号	姓名	分数	签到	编号	姓名	分数	签到
1				11			
2				12			
3				13			
4				14			
5				15			
6				16			
7				17			
8				18			
9				19			
10				20			

续表

部门				训练课程				测验日期	
编号	姓名	分数	签到		编号	姓名	分数	签到	
21					31				
22					32				
23					33				
24					34				
25					35				
26					36				
27					37				
28					38				
29					39				
30					40				
会计部			人力资源部			教育训练部		单位	

一式二联　　　　　　　　　注：本人签字有效

工具 15　在职人员培训结果报告表

部门			时间	
课程名称			课程编号	
项目		举办日期	训练时数	参加人数
计划				
实际				
训练费用	项目	预算花费	实际花费	异常说明
	教师授课费			
	资料费			

续表

训练费用	项目	预算花费	实际花费	异常说明
	其他			
	总计			
训练检查及其呈核	学员意见			
	讲师意见			
	会计部			
	教育训练部			
负责人				

一式二份：会计部、教育训练部

第四章
考勤出差管理工具

工具1　员工出勤管理规定

员工出勤管理规定	
第1条	本公司为使全体员工养成守时习惯、准时出勤，特制定本办法。
第2条	本公司员工除下列员工外，均应按规定于上下班时间打卡： （1）经总经理核准免予打卡者； （2）因公出差填妥"出差申请单"经主管核准者； （3）因故请假，经核准者； （4）临时事故，事后说明事由，经主管核准者。
第3条	本公司员工上、下班时间规定如下： 上午：自8时至12时整（主任以上主管上午上班时间为7点50分）； 下午：自14时至17时整。 　　上述上、下班时间各单位主管可视实际需要及各地区特殊情形呈总经理调整，但每日实际上班时数不得少于7小时（主任以上主管上午上班时间一律提前10分钟）。住宿在公司的值勤员工及负责环境清洁工作的员工，其上班时间另定。
第4条	员工于上班时间后打卡出勤者即为迟到。员工于下班时间前，非因公司业务上的需要，擅自下班者，即为早退。
第5条	上班迟到在5分钟内打卡者，为第一类迟到；上班迟到超过5分钟以后打卡者，为第二类迟到。凡一个月内，第一类迟到三次者，视为第二类迟到一次；凡一个月内第二类迟到三次者，视为旷职半天。
第6条	中午下班、上班不得一次打卡，两次打卡的时距应在30分钟以上，否则视为第二类迟到。
第7条	员工上班而未打卡者，除有正当理由经直属主管核准外，视为第二类迟到。
第8条	员工第一类迟到者，于每月月底由人力资源部统计，并送呈有关部门主管，作为平时考核参考资料之一。

续表

第9条	员工第二类迟到者，于每月月底由人力资源部统计，除呈报有关部门主管外，每次扣其该月份薪金总额1%，充为福利金。
第10条	员工下班而未打卡者，除有正当理由经直属主管核准外，视为早退。
第11条	员工早退者，每次扣其该月份薪金总额1%，充为福利金。
第12条	员工迟到、早退时间超过1小时者，应依请假手续办理。
第13条	总公司、分公司比照本办法实施。
第14条	本办法如有未尽事宜，需呈报总经理核定修订。

管理大视角

考核的组织和领导

1. 直线经理的职责

（1）确定工作内容；

（2）设定绩效目标；

（3）提供绩效反馈；

（4）填写评分。

2. 人力资源部的职责

（1）开发评估系统；

（2）为评估者提供考核方法和技巧的培训（召集定期的绩效评审会议，为目标管理设定目标）；

（3）监督和评价评估系统。

3. 考核执行者应当满足的理想条件

（1）了解被考评职务的性质、工作内容、要求及考核标准与公司政策；

（2）熟悉被考评者本人的工作表现，尤其是本考核周期内的，最好有直接的近距离密切观察其工作的机会；

（3）此人应公正客观、不具偏见；

（4）考核关系与管理关系保持一致是一种有效的方式，因为具有管理关系者对被考核的工作最有发言权。

工具 2　员工缺勤处理细则

员工缺勤处理细则	
目的	员工的准时出勤是公司正常运转的必要前提。只有完成生产要求才能满足客户的要求。每一位员工都是这个团体的一分子，要达成目标，就必须保证出勤。缺勤或迟到状况都会被记录在案。
准时标准	公司希望员工能准时到达工作地点。迟到是指员工超过指定时间一分钟以上到达工作地点（具体数字企业视情况而定）。若预先知道可能迟到者，应通知相关员工。由于迟到会妨碍其他员工的工作，准时到岗其实也是方便大家。迟到和早退都不被允许。
计算方法	缺勤半天以上，记缺勤一次。 缺勤一天或多个连续工作日，记缺勤两次。如连续两天迟到，记缺勤一次。 因生病缺勤一次，在工作一天以上后，因同种疾病再次缺勤，只记缺勤一次。连续缺勤将予以口头警告、书面警告、停职，甚至解雇。
程序	若不能出勤，要预先通知相关部门主管，应不晚于正常开工时间。这样公司能做其他安排。 除紧急情况，休假应至少提前 24 小时通知部门主管。 若员工因疾病而缺勤并提前通知相关员工，可视为病假。因身体检查及与专业人士（如律师）的事先约定而缺勤，或可提供令人信服的理由，经上级批准，可视为事假。 连续缺勤超过三个工作日，并预先未通知相关员工，视为自动辞职，并将从员工名册上除名。

续表

"认可"的缺勤	公司需要将认可的缺勤理由记录在案，如病假或紧急任务。该记录需经查实。
关于恶劣的天气	尽管天气恶劣，员工仍要坚持工作。因为随时都可能出现紧急情况，保证出勤是唯一的解决方法。公司希望员工尽可能地到岗工作。只因恶劣的天气而未出勤的，视为缺勤一次。

管理大视角

一切用纪律和制度说话

纪律和制度是组织成功的保障。任何没有制度的管人手段，可以说都是不起作用的。既然说话不灵，做事就无效。纪律和制度的制定是组织中全体成员行为一致的前提和基础，所以，要想让组织有统一的行为，组织管理者首先需要做的就是"建章立制"，确定游戏规则。

纪律对任何组织来说都是胜利的保证。每个企业都不可避免地会有一些棘手的问题，例如，员工抗命、联合起来对抗总裁或要挟领导、不愿与某同事协调合作、醉心于工作外的事项、纷纷请调或离职，等等。这些问题都是和人有关的，往往发生一两件，就使人感到头痛和焦虑，因此，在企业的经营管理过程中一定要有严明的纪律。

"国有国法，家有家规。"一句话道出了纪律对于组织、单位的重要性。但纪律的制定一定要在结合现实情况的同时，顺应时代的发展，切不可故步自封。否则，将无法起到约束人、管好人的作用。

工具3 员工出勤表A

日期 部门	应到人数	新进人数	未到人数						辞职人数	实到人数	备注
			事假	病假	工伤假	旷工	其他	合计			
小计											
小计											
小计											
总计											
累计											
记录事项											

经理　　　　　副经理　　　　　部长　　　　　制表

工具 4　员工出勤表 B

日期															
\multicolumn{8}{c	}{现场人员}	\multicolumn{8}{c}{办公室人员}							
单位	编制人数	本日实到	迟到人数	病假	公假	旷工	早退	其他	单位	编制人数	本日实到	迟到人数	病假	公假	旷工	早退	其他
合计									合计								

当天到离人数	报到人数： 离职人数： 停薪人数：	报到人数： 离职人数： 停薪人数：

总经理：　　　　　　　审核：　　　　　　　填表：

高效管理员工的工具及表格

管理大视角

规章制度是管理的法宝

企业在制定各种规章制度的时候是否想过,谁最应模范地遵守这些制度?如果你认为,企业的规章制度纯粹是一种约束和控制,甚至体现管理的权威,那么,你的思想就有问题了。这足以使你的企业萎靡不振。如果你认为,公司的规章制度是一种全体员工和谐相处的规则,无论什么人都要遵守,那你只说对了一半。企业管理者只有清醒地认识到,自己必须比其他所有员工更加模范地遵守一切规章制度,并且为此毫不动摇,自己才具备了承担企业领导职务的基本条件,企业才能兴旺发达。

公司制定的各种规章制度不能只是纸上谈兵。作为企业的领导者和管理者,你应当有铁面无私的精神来贯彻规章制度,一旦发现有人违反规定,一定要严格执行,绝不手软。

但是,应该清楚,"绝不手软"并不是滥施权力、粗暴蛮横地对待员工,以显示自己的威信。对雇员要公道,在处罚时要有充分的根据,它包括解释清楚公司为什么要制定这条规章,为什么要采取这样一个纪律处分,以及希望这个处分产生什么效果。

工具5　员工月考勤表

时间	年	月	日	部门	
日期	姓名				
1					

续表

时间 日期	年		月		日		部门			
	姓名									
2										
3										
4										
5										
6										
7										
8										
9										
10										
11										
12										
13										
14										
15										
16										
17										
18										
19										
20										
21										
22										
23										
24										
25										
26										
27										

续表

时间	年		月		日		部门			
日期	姓名									
28										
29										
30										
31										
出勤天										
加班小时										
公假天										
病假天										
事假天										
迟到天										
早退次										
旷工天										
说明	1.出勤"√",病假"×",事假"△",公假"□",旷工"※",迟到"☆",早退"◇",加班"○"。 2.本月出勤　　天									

工具6　员工值班制度

员工值班制度	
总则	第1条　为了保障公司工作的正常进行和财物安全,特制定本制度。
管理体制	第2条　门卫值班。公司可根据自身的发展情况,设立门卫值班制度,24小时值班制。 第3条　值日。公司依据自身情况,设立公司或部门的值日制度。

续表

管理要点和内容	第4条　领导值班。公司依据自身情况，设立公司领导值班制度。 第5条　门卫值班： （1）目的：维护公司的正常工作秩序，以防公司财产遭受不必要的损失。 （2）实行分班轮流制，做到24小时有人当班。 （3）值班要注意： ①保证通信系统畅通； ②检查下班后公司员工进出情况，防止公司财物失窃； ③及时排除公司火灾、漏水事故； ④接待来宾，保存邮件。 第6条　值日： （1）目的：维护公司日常工作秩序，及时联络、处理事务。 （2）一般以工作时间为责任时间。 （3）值日要点： ①巡察办公场所保洁情况； ②电话记录、处理、转送； ③能及时很好地完成领导交给的任务。 第7条　领导值班： （1）目的：以公司业务工作为主。 （2）一般以下班时间或节假日为值班时间。 （3）值班要点： ①接待正常工作时间后的来客； ②处置下班后的突发、紧急事件，处理未完成的工作； ③值班员工接打值班电话，应记录来电时间、单位、授话人、主要内容； ④值班接待来宾要记录来访时间、单位、来访人、主要内容，提出处理意见； ⑤值班员工要按规定准确填写值班日志。 第8条　规定： （1）遵守值班纪律，按时交接班，有事须先请假，以便安排临时代替人员。无关人员不能在值班室留宿； （2）值班时要坚守岗位，不能聚众打牌、看电视、打瞌睡、聊天，不给坏人有任何可乘之机； （3）在规定的时间内加强巡视，做好防盗、防火、防灾工作，尤其加强对重点部位的监管；

续表

管理要点和内容	（4）接待来宾外松内紧、热情招呼，要有高度警惕性，善于鉴别来人意图，善于察言观色，不能随便乱说； （5）值班员工应密切关注领导活动的行踪，如遇到紧急情况能立即取得联系。须将公安、消防、医院、供水、供气、供电、通信等部门及火车站、码头、飞机场的地址、电话、路线等信息置于明显处，以备应急需要； （6）遇到紧急事件，首先要冷静，敢于负责，一方面大胆采取应急措施，以免贻误时机；另一方面及时汇报主管领导或到公安部门报警。
附则	第9条　值日、领导值班为义务值班。门卫值班为正常工作，必要时可予以轮休。 第10条　本制度由行政部与保安部解释、补充、执行，报经总经理批准颁行。

工具7　休假程序

休假程序	
目的	为确保公司进行有秩序的休假管理而制定。
适用范围	适用于公司所有员工。
责任人	各部门主管、经理。
程序内容	（1）病假： ①员工休病假，超过1天要出具医院开具的假条。 ②员工休病假的时限，应以假条上的时间为准，遇节假日不顺延。 ③从员工转正开始，员工每年可享受5天带薪病假。 ④员工带薪病假休满之后，如果因病仍不能上班，则应申请进入医疗期；公司将根据病情决定是否批准其进入医疗期；员工只有在患有难以治愈的病或非常严重的慢性病时方可进入医疗期；进入医疗期的，其待遇按公司医疗期制度执行。

续表

程序内容	⑤不批准进入医疗期的，员工又确实不能上班，按无薪病假待遇，员工连续休假，经公司批准的无薪病假超过15天，公司按照国家有关规定，每月发给全市最低工资60%的基本生活费，按其基本生活费的标准缴纳养老保险，并按规定报销医药费，其他待遇不再享受。待合同期满，不再续订劳动合同。 ⑥员工无论休何种病假，必须按时递交有效的医生诊断证明，请部门经理批准。否则按旷工处理。 （2）年假： ①公司规定员工的年假为：12天／年。 ②上班满6个月可开始休假（满1个月则享有1天年假）。 ③年假遇节假日顺延。 ④员工休年假必须考虑有关客户的要求及所在部门的工作安排，休年假必须提前两周申请，并经主管同意。 ⑤公司希望员工利用年假的机会使身心得到调整。人力资源部将在每个自然年度开始时，通知每位员工应享受的年假。该年假的有效期为一年，不再累计。 ⑥员工如愿意放弃年休假，年假期间的工资按日工的基本工资的3倍计算。 （3）工伤假： ①员工在工作期间发生工伤事故，直接主管应立即到现场调查受伤情况，并立即做出处理，并提交报告至CEO和人力资源部。 ②公司根据医生的诊断确定是否需要给予工伤假。 ③员工休工伤假享受全薪。 ④员工休工伤假期间，应按照公司的要求定期到指定医院进行检查。 （4）婚假： ①女员工年满23岁前结婚，有薪婚假3天（24小时）。 ②女员工年满23岁后结婚，有薪婚假10天（56小时）。 ③男员工年满25岁前结婚，有薪婚假3天（24小时）。 ④男员工年满25岁后结婚，有薪婚假10天（56小时）。 ⑤男、女员工婚前体检可享受半天全薪假。 （5）产假： ①产假所涉及的假期，均应包含节假日，即遇节假日不顺延。 ②员工妊娠期间每月可享受半天全薪假以供月检。 ③员工生育可享受90天全薪产假。 ④年龄24周岁以上生育第一胎者，可延长1个月带薪产假。 ⑤如遇难产，可凭医院证明增加有薪产假15天。

续表

程序内容	⑥多胞胎生育的，每多生一个婴儿，增加产假15天。 ⑦男员工可以在妻子生育后享有一天陪产假。 ⑧女员工生育后的第一次流产，公司将依据医生的诊断证明给予15天带薪假，以后的流产全部按无薪病假计算。 （6）丧假： ①父母、养父母、继父母、配偶父母、配偶或子女死亡：8天（64小时）假期。 ②祖父母、兄弟姐妹死亡：4天（32小时）假期。 （7）倒休假： ①员工在休息日加班后，经部门经理批准，可以享受因休息日加班产生的倒休假。 ②员工休倒休假时，须考虑部门工作的安排，并应提前两周申请，经主管同意。 ③员工休倒休假时，应在请假单后附有部门经理批准倒休的加班申请单（参见加班制度）。 ④倒休假只限当年有效。 （8）公共假日： 员工享受下列法定公共假日： ①清明节、劳动节、端午节、中秋节：1天。 ②元旦：1天。 ③春节：3天。 ④国庆节：3天。 ⑤女员工可在妇女节享有半天公休（遇休息日不顺延）。 如国家政策有调整，则遵循国家政策。 （9）事假： ①事假系无薪假，公司根据工作安排决定是否批准员工休无薪假。 ②事假最长不超过两周。 （10）请假批准权限： 　直接主管在一个月内对同一员工批准假期时限为5天，5天以上由部门经理批准。 （11）请假程序： 　员工填写请假单，报主管、经理批准后，送至人力资源部。

工具 8　员工请假单

姓名		工号		职位		所属部门	
请假类别	☐事假 ☐病假 ☐倒休假		☐公假 ☐其他				
请假时间							
自　年　月　日　至　年　月　日　时 总共请假　天　小时							
医生证明 （注意：请病假超过一天需附医师证明） 　兹证明上列姓名员工将自　年　月　日至　年　月　日接受医疗，此期间该员工实无法上班工作。							
主管部门意见： 主管人签字：							

> 管理大视角

并非所有的忙碌都值得推崇

"你很忙吗？"人们对于这个问题的回答惊人的一致：忙。而且通常是有气无力的回答。

中华民族是一个勤劳的民族，我们习惯于活在"天道酬勤"的信仰里。

但随着社会的发展，时代的变迁，在新的背景下，比起兢兢业业低效率的勤奋，精明利落的高效者更易取得成功。

有才能的人往往最为无效，因为他们没有认识到才能本身并不能自动转化成生产力。他们也不知道，一个人的才能只有通过有条理、系统的工作才能转化为看得见的成果，产生效益。相反，也会有一些极其神奇的人士，当别人忙得不可开交、团团转，甚至连喝水的工夫都没有的时候，这些高效的人士却神仙一样地超然物外，他们按部就班，好像天大的事也不能乱了他们的方寸。可是除了羡慕和惊异，没有人可以责备他们，即便他们的作风有些懒散，他们却总能够率先到达目的地，把工作完成得又快又好。

工具 9　员工出差规定

员工出差规定范本	
总则	第1条　为规范公司员工出差管理，本着勤俭节约、保证出差员工正常工作的原则，严控公司管理费开支，结合公司实际情况制定本规定。 第2条　本规定适用于公司全体员工。
出差审批程序	第3条　公司员工因工作需要离开公司，必须填写"出差申请表"。出差申请表由公司财务部劳动人事科统一编制，适用于公司全体员工。 第4条　出差申请表是员工出差作为财务报销、各部（室）考勤管理等工作的有效凭证。 第5条　出差申请表办理程序。 （1）员工因工作需要离开公司出差，应严格履行审批程序，由出差者本人填写出差申请表。出差申请表一式两联，一联为部门存根，另一联交公司财务部劳动人事科，其内容为申请人姓名、所在部门、异地工作理由、地点、交通工具、计划工作天数等。

续表

出差审批程序	（2）出差申请表由申请人上一级领导审批，审批内容：计划天数，实际工作天数。各部（室）员工出差由本部（室）负责人审核，经主管领导批准后方可离开公司；各部（室）负责人出差必须经主管领导批准后方可离开公司。 （3）各部（室）将出差申请表随同本部（室）考勤一并交财务部劳动人事科审核、汇总作为员工考勤考核的依据。 第 6 条　员工凡非因工作之需离开公司的，一律按员工考勤考核管理标准要求，填写"请假单"，并按照审批程序及权限履行请假手续，无出差申请表或请假单擅自离开工作岗位外出员工一律视为旷工，按考勤考核管理标准处理。
差旅费管理	第 7 条　结合社会物价实际指数及公司员工实际情况，对员工出差交通工具、住宿费、市内交通费标准做相应规定： （1）出差交通工具：公司主管及以上员工出差可乘坐飞机。其他员工原则上乘坐汽车、火车（机票 5 折以下除外）。出差除公司领导外的其他员工必须由总经理批准，方可乘坐飞机。财务部凭据出差申请表批准的交通工具给予报销。 （2）住宿费标准： ①公司领导在北京市出差住宿费　　元／人／天，其他员工北京出差期间不得高于　　元／人／天的标准报销（即集团公司接待中心标准　　元／人／天）； ②公司领导在省会城市出差住宿费报销标准　　元／人／天，其他员工　　元／人／天；地市出差住宿费标准公司领导　　元／人／天；其他员工　　元／人／天； ③公司领导市内交通费实报实销；其他员工市内交通费按　　元／人／天的标准，凭票报销地铁车票、公交车票及中巴车车票，原则上不允许乘坐出租车。 第 8 条　公司员工必须严格按照所在地财政厅文件及本管理规定的差旅费标准严格执行，超标准差旅费一律自理；凡弄虚作假，开具虚假发票损害公司利益的，一经查实，除责成本人退回全部虚假金额外，给予考核当月奖金处罚并视情节通报批评或行政处分。 第 9 条　出差人到财务部报销差旅费时必须附本人出差申请表交财务部员工核实，财务人员按照出差申请表填报的出差地点、时间予以报销。 第 10 条　参加会议期间，按会务统一安排住宿并报销。

续表

附则	第 11 条　本规定由公司人力资源部负责解释。 第 12 条　本规定自　年　月　日起执行。

工具 10　员工出差申请表

部门				时间			
出差人	职别		代理人	职别		代理人签字	
	卡号			卡号			
	姓名			姓名			
出差要办事项							
预支旅费				出差时间	自　年　月　日 至　年　月　日止 共　　天		
出差地点							
经理：				申请人：			

工具 11　员工考勤与奖惩记录表

姓名		部门		职称	
入公司日期		年资		现任职日期	
考勤					
假别		记录			扣分
旷工（-10 分/日）					
事假（-5 分/日）					
病假（-1 分/日）					
迟到、早退（-2 分/次）					
特休					
公假					
婚假					
丧假					
工伤假					
产假					
合计扣分					
本年度未休完待休天数					
奖惩					
类别		结果			事实
奖					
惩					
其他记录					
日期					事由

第五章
绩效考核与评估管理工具

工具1　对员工工作评估的正确度测评

测评说明	测评能否正确评价员工的工作。请根据你的实际情况，选择最符合自己特征的描述。在选择时，请根据自己的第一印象回答，请不要做过多的思考在符合你情况的答案前打"√"。
测评题	1.你认为展开评估的主要目的是什么？ □A.激励员工努力工作，更上一层楼 □B.促使员工反思自己以往的表现 □C.暴露员工的缺点与不足 2.你怎么安排与下属进行述职谈话？ □A.先批评缺点，再表扬优点 □B.开始和结束时都谈优点，中间穿插缺点 □C.首先肯定优点，然后指出不足 3.你认为对员工的评估应该以什么为基础？ □A.严格以实际成果为准 □B.以他的知识水平、工作能力和工作态度为主，短期效益为辅 □C.综合考虑他的能力与实际效益 4.你为部下写鉴定时最重要的资料依据是什么？ □A.他的实际表现 □B.他的出勤记录与费用水平 □C.他的总结与鉴定 5.你认为员工的评估工作应在何时进行？ □A.在其表现下降时 □B.在本人提出要求时 □C.定期进行，或每年一次 6.在评估工作结束之际，你： □A.让员工阅读鉴定并写下本人意见 □B.不让员工阅读鉴定，但征求他的意见

续表

测评题	☐ C. 既不让员工阅读鉴定，也不征求本人意见 7. 你在指出部下不足之处后： ☐ A. 为他指出克服缺点的方法 ☐ B. 警告他这些不足之处对他今后加薪与升职的影响 ☐ C. 与他共同探讨今后的努力方向 8. 如果员工在谈话时情绪激动，你： ☐ A. 耐心听他发表意见，暂不打断 ☐ B. 谴责他不能控制自己的情绪 ☐ C. 尽快结束谈话，让他恢复平静 9. 如果某位员工的表现开始明显下降，与以往相比差距甚大，你： ☐ A. 悄悄记下他的过失，以便下次总结鉴定时提出来 ☐ B. 与他开诚布公地交换意见，找出其退步的原因，共同制定改进方案 ☐ C. 熟视无睹，期望他会自觉醒悟 10. 你在什么场合宣布有关提薪问题事宜？ ☐ A. 在述职谈话时 ☐ B. 在关于工资的特别谈话中 ☐ C. 写信通知
测评标准	1. A 得 10 分、B 得 5 分、C 得 0 分 2. A 得 5 分、B 得 0 分、C 得 10 分 3. A 得 5 分、B 得 0 分、C 得 10 分 4. A 得 10 分、B 得 0 分、C 得 5 分 5. A 得 0 分、B 得 5 分、C 得 10 分 6. A 得 10 分、B 得 5 分、C 得 5 分 7. A 得 5 分、B 得 0 分、C 得 10 分 8. A 得 10 分、B 得 0 分、C 得 5 分 9. A 得 5 分、B 得 10 分、C 得 0 分 10. A 得 0 分、B 得 10 分、C 得 5 分
结果分析	80～100 分 深知总结鉴定的策略与方法，能够正确地衡量部下的成绩与不足，让人心悦诚服。 50～75 分 真诚求实，只要稍注意些方式方法，便能成为一流的人力资源管理人员。建议参加一个现代管理培训班，更新、补充管理技巧。

续表

| 结果分析 | 20～45分
有许多不足，必须立即改进，以免再犯错误，最好征求一下有经验的老同事或人事培训部门的意见，需要从基础评估技巧学起。
0～15分
傻瓜才会喜欢在你手下做事。 |

管理大视角

考核要遵循的原则

对员工进行考核时，要遵守以下原则：

1. 公开、公平原则

考评标准、程序和对考评责任者的规定在企业内都应当对全体员工公开，对在同一负责人领导之下从事同种工作的员工，或同一岗位的员工，应一视同仁地使用相同的评价方法和考评标准。

2. 客观考评原则

首先要做到"用事实说话"，避免由于光环效应、偏见等带来的误差；其次要做到把被考评者与既定标准做比较，而不是在人与人之间比较。

3. 与企业文化和管理理念相一致

在考评内容中必须明确：企业鼓励什么，反对什么，给员工以正确的指引。

4. 重点原则

考核内容不可能涵盖该岗位上的所有工作内容，为了提高考评的效率，降低考核成本，并且让员工清楚工作的关键点，考评内容应该选择岗位工作的主要内容进行考评，不必面面俱到。

5. 直线考评原则

对各级员工的考评，都必须由被考评者的"直接上级"进行。间接上级对员工的直接上级作出的考评评语，不应当擅自修改。

6. 反馈原则

考评的结果（评语）一定要反馈给被考评者本人，否则就起不到考评的教育作用。反馈考评结果的同时，应当向被考评者就评语进行说明解释，肯定成绩和进步，说明不足之处，提供今后努力的参考意见等。

7. 差别原则

对不同岗位、不同部门要有不同的考核标准，而考核的等级之间要有明显的差别界限，针对不同的考评评语在工资、晋升、使用等方面应体现明显差别，使考评带有刺激性，鼓励员工的上进心。

工具 2 普通员工绩效考核表

员工编号			姓名			单位		
职称			到职日期	年　月　日		现职到职日期	年 月 日	
工作内容								
考核项目		配分	分项鉴定分画"○"					
工作	1.工作效率	15	工作积极迅速，效率高	工作积极，效率佳	工作效率尚可，错误少	工作效率尚可，错误稍多，须再予督促	粗心，草率，常发生错误	
		初核	15、14、13	12、11、10	9、8、7	6、5、4	3、2、1	
		复核	15、14、13	12、11、10	9、8、7	6、5、4	3、2、1	
	2.责任感	15	忠诚服务，锐意进取	处事稳健，极少需要督促	有责任心，但常需督促	处事不甚起劲，较为被动	推诿责任，浪费时间	
		初核	15、14、13	12、11、10	9、8、7	6、5、4	3、2、1	
		复核	15、14、13	12、11、10	9、8、7	6、5、4	3、2、1	

续表

考核项目		配分	分项鉴定分画"○"				
工作	3.改善提案能力	15	处事能很好规划，并能提出独到见解	做事有方，能自动研究创新	能把握重点，稍加指导即可	能规划，没有太多创新	处事草率，不能创新
		初核	15、14、13	12、11、10	9、8、7	6、5、4	3、2、1
		复核	15、14、13	12、11、10	9、8、7	6、5、4	3、2、1
	4.协调合作能力	10	在本职工作之外也能合作	愿意协助他人，分担一些自己能承担的工作	一般都能协调合作	少有合作的行动	不能分担工作，协调性差，要多次督促
		初核	10、9	8、7	6、5	4、3	2、1
		复核	10、9	8、7	6、5	4、3	2、1
	5.学习能力	10	掌握学习方法，领悟性高	学习自觉，记忆力好，不要他人监督	需要监督，但有一定的判断力	每一次学习都要监督	学习进度慢，记忆力差
		初核	10、9	8、7	6、5	4、3	2、1
		复核	10、9	8、7	6、5	4、3	2、1
学识	6.分析判断能力	10	有高度敏锐的分析能力，能正确判断处理问题	有分析能力，亦能正确判断	稍具分析能力，能应用经验判断	在较狭窄范围内，可自行判断	只依上级指示执行
		初核	10、9	8、7	6、5	4、3	2、1
		复核	10、9	8、7	6、5	4、3	2、1

续表

考核项目		配分	分项鉴定分画"○"				
学识	7.工作技能	10	工作知识很丰富，技能娴熟，善于应用	技能在工作要求之上	技能符合工作要求	技能一般，勉强符合工作要求	技能较差
		初核	10、9	8、7	6、5	4、3	2、1
		复核	10、9	8、7	6、5	4、3	2、1
品德	8.工作态度	5	对工作甚感兴趣，认真积极	能接受批评指导，勇于改错	工作尚积极，执行力稍差	见异思迁，对工作无兴趣	漠视工作，懒散无度
		初核	5	4	3	2	1
		复核	5	4	3	2	1
	9.品格	5	彬彬有礼，能获得信任	和蔼可亲，实事求是，给同事留下良好印象	待人接物有分寸，容易相处	固执，个性稍强	孤僻，暴躁，不易相处
		初核	5	4	3	2	1
		复核	5	4	3	2	1
	10.服从	5	能服从指挥，贯彻命令	服从性佳，循规蹈矩	服从性尚佳，能遵纪守法	服从性尚可，偶尔须强迫	工作服从性欠佳，有本位主义作风
		初核	5	4	3	2	1
		复核	5	4	3	2	1
考勤	事假　天 病假　天 迟到、早退　天 旷职（工）天		初核确认		得分（70%）		总分
			复核确认		得分（30%）		
核定总分			等级				

工具3 员工工作绩效考评表

评价因素	内容	得分
基本情况 20分	1. 出勤 事假扣2分/天，早退或迟到扣1分/天	
	2. 失误扣5分/次，优秀员工加5分/次 失误：次，当优秀员工：次	
工作态度 50分	3. 工作责任心强、认真、努力，积极为公司着想	
	4. 遵章守纪，坚持原则	
	5. 重礼仪、懂礼貌、言行得体	
	6. 关心集体，积极参与各项集体活动	
	7. 工作积极主动，任劳任怨，勇于克服困难	
工作协作性 40分	8. 服从指挥，理解上级指示，正确处理公司内外部关系	
	9. 能够与本部门同事主动配合，团结协作	
	10. 与本公司其他部门人员沟通良好，积极配合业务开展	
	11. 本人积极向上，不说、少说或不干对公司不利的话或事，起表率作用	
工作能力和成绩 70分	12. 无失职或造成投诉的行为	
	13. 完成了岗位职责规定的任务	
	14. 具有良好的专业知识，业务熟练，能胜任本职工作	
	15. 快速、及时、低成本地完成本职工作	
	16. 具有独立解决问题的能力和应变能力	
	17. 工作中能发现问题、创造性地解决问题，善于处理突发事件	
	18. 工作效率高，有感召力，发展潜力大	
合计得分		被考评人	

说明：表中每项最多评10分，可填0～10分。基本情况由公司的打卡机和档案记

录获得，无须人为评估，失误是记录在案的较严重的不良行为。

管理大视角

有效的监控提高执行质量

管理者要依靠下属对自己所布置的任务进行有效的执行才能实现既定的战略，但并不是每个下属都能按照领导的意思保质保量地完成任务，这就需要管理者对属下执行情况进行有效的监控。

工具4　管理层人员能力考核表

分类		评价内容	满分	第一次	第二次	调整
工作态度	1	经营计划的立案、实施是否有充分的准备	5			
	2	是否以长期的展望探索公司的未来	15			
	3	是否有以负责人的眼光注意到全体	5			
	4	是否重视经营理念	5			
	5	是否有敏锐的利益感觉	5			
基本能力	6	为了达成目标，是否能站在最前线指挥	15			
	7	是否能省钱，早日确实地达成目标	5			
	8	是否重视长期目标的实施	5			
	9	是否能严守期限，达成目标	5			
	10	是否能随机应变，在修改目标值的同时也能达成目标	5			

115

续表

分类		评价内容	满分	第一次	第二次	调整
业务熟练程度	11	是否能以全公司的立场发言、提议	5			
	12	是否能以长期的观点制定企划	5			
	13	是否能以公司的观点搜集情报	10			
	14	是否能与其他部门交流情报	5			
	15	是否积极地与其他部门协调	5			
责任感	16	是否确实把握部属的优、缺点	5			
	17	是否与部属沟通交流	5			
	18	是否适才适所	10			
	19	是否热心培育后继者	5			
协调性	20	是否仔细聆听部属意见	5			
	21	是否注意身体健康	5			
	22	是否谨慎地使用金钱	10			
	23	是否热心于小组内部意见的沟通	10			
	24	绝不引起性别问题	5			
自我启发	25	是否认真对待顾客	5			
	26	对社会及时代的变迁是否敏锐	5			
	27	是否热心于吸取新技术与新知识	10			
	28	站在国际的视野上是否能自我革新	5			
	29	为了改善，是否可以抛弃前例	10			
	30	是否不怠于未来预测	5			
		评价分数合计	200			
备注		本表从工作态度、基本能力、业务熟练程度、责任感、协调性、自我启发六个方面对一个经理人员应具备的素质进行了考核，它方便企业对经理人员的素质进行全面检查。 评分标准：180 分以上为优秀；150～179 分为良好；120～149 分为中等；100～119 分为及格；未满 100 分为不及格				

工具5　管理层人员年度绩效考核表

评价目标		评价标准					得分
工作态度 15分	遵章守纪	不能认真贯彻落实各项规章制度，本单位或本人有严重的违纪现象或工伤事故超标	贯彻执行各项规章制度不力，本单位或本人有违纪现象	基本上能贯彻执行各项规章制度，本单位基本无违纪现象，工伤事故控制在指标内	能贯彻执行各项规章制度，平时有检查和督促，本单位无一人出现违纪和工伤事故	能认真贯彻执行各项规章制度，平时检查督促有力，单位无一人出现违纪现象和工伤事故	得分
	分值5	0	1	2	3～4	5	
	政策性与原则性	经常不按政策和原则办事。独断专行	偶尔不按政策和原则办事，大事相互间不协调和商定	基本上能按政策和原则办事	政策性与原则性较强	严格按政策与原则办事	得分
	分值5	0	1	2	3～4	5	
	事业心与责任心	不热爱自己的事业，事业见异思迁，工作较消沉，经常完不成任务	事业心不强，对本职工作缺乏责任心，遇事推诿	工作勤恳，办事扎实，有事业心，能够保质保量地完成自己的工作	热爱自己的事业，责任感较强，本职工作完成较为出色	对事业倾注自己全部的精力，责任感很强，总是力图将自己的工作完成得最好	得分
	分值5	0	1	2	3～4	5	

续表

评价目标			评价标准				得分
工作能力 45 分	组织协调能力	常常无计划地组织单位的工作，关键时无措施	能制订一些计划来组织单位工作，但计划不合理	经常计划在前，而且计划较合理	能详细地制订单位计划，制订合理，措施得当	得心应手把握全局计划，非常合理	得分
	分值10	1	2～3	4～5	6～7	8～10	
	决策与分析判断力	非常主观且带偏见，不善于听取别人意见，决策失误较多	对事情不能恰当地分析，所做决策有时有失误	能正确分析事情和形势，所做决策基本上无失误	能合理分析事情和形势，指导性较强	能果断地分析和判定失误，决策正确	得分
	分值10	1	2～3	4～5	6～7	8～10	
	管理与专业知识	常常需要别人的帮助和指导，无先进的管理经验	掌握简单的管理和专业知识，但不能适应岗位要求	掌握足够管理和专业知识，无须别人指导	专业和管理知识较丰富，掌握相关知识	全面掌握专业和管理知识且运用较好	得分
	分值10	1	2～3	4～5	6～7	8～10	
	创新能力	从没有创新的建议	偶尔对工作提出创新建议	年度内在管理上提出3项创新的建议并组织实施	年度内提出4~5项创新建议并组织实施	年度内提出创新建议5项以上，且实施效果较好	得分
	分值5	1	2	3	4	5	

续表

评价目标		评价标准					得分
工作能力 45分	用人授权能力	任人唯亲，对下属不按权限、程序授权	基本上不任人唯亲，用人有失误	不任人唯亲，用人有失误	任人唯贤，善于用人	任人唯贤，人尽其才	得分
	分值5	1	2	3	4	5	
	人际关系能力	不善于同周围的人沟通，经常错误传达信息	不善于同周围的人沟通，信息来源较少，传达信息尚可	善于同周围的人沟通，信息来源多且传达准确	善于同周围的人沟通和合作，准确传达信息，值得信赖和依赖	精于同周围的人沟通和合作，在增进了解和传达信息方面有出色表现	得分
	分值5	1	2	3	4	5	
工作成绩 40分	目标完成情况	没有完成规定目标	基本上完成规定目标	规定目标完成较好	比规定目标完成得多	比规定目标完成得既好又多	得分
	分值15	0	1~3	2~7	8~10	11~15	
	工作效益	较差	一般	平均水平	良好	突出	得分
	分值10	1	2~3	4~5	6~7	8~10	
	工作质量	工作质量很差，让上级部门无法接受	有时工作质量较差	工作质量基本上让上级满意	工作质量较好，高于平均水平	工作质量好，无可挑剔	得分
	分值5	0	1	2	3~4	5	
	工作效率	所布置的工作从不检查，大部分工作出现到期完不成的情况	所承担的工作虽能检查，但出现到期完不成的情况	基本上能按期完成工作	保证到期完成工作，且无差错	所承担的工作一般都是提前完成，且无差错	得分
	分值5	0	1	2	3~4	5	

续表

评价目标			评价标准					得分
工作成绩40分	员工素质发展	无目标，无措施，无提高	有目标，有措施，但提高不大	目标明确，措施较好，明显提高	目标定位高，配套措施完善，素质有较大提高		目标高，措施得力，提高很大	得分
	分值5	0	1	2	3～4		5	
总分数			工作态度		工作能力		工作成绩	

工具6　主管工作成绩考核表

单位				年月				
姓名				编号				
考核项目				评分标准				
	一		二		三		四	五
学识经验	学识丰富，能触类旁通，且常提供改进意见	20	学识经验较一般人为良好	16	肯求新求进，接受指导，尚能应付工作	12	不求上进，尚需训练 8	对工作要求茫然无知，工作疏忽 4
管理	善知人派事，分析认识问题，通过他人完成工作并检讨	30	能知人派事，认识问题，并通过他人完成工作	24	尚能知人派事，了解问题，不失职份	18	不善于用人，不分析问题及检讨工作成果 12	对于管理全然不关心 6

续表

考核项目	评分标准									
	一		二		三		四		五	
责任感	任劳任怨，竭尽所能完成任务	20	工作努力，分内工作非常完善	16	有责任心，能自动自发	12	交付工作需常督促始能完成	8	敷衍无责任心，做事粗心大意	4
指导能力	完整正确地指挥计划工作，激发他人工作热情	10	命令顺利下达，能达到良好效果	8	尚能领导他人工作	6	领导能力较差，工作有时不能达到预期效果	4	完全没有领导能力，不能使人信服	2
业务执行力	理解力非常强，对事判断极正确，处理力极强	20	理解力良好，对事判断正确，处理力强	16	理解判断力普通，处理事务不常有错误	12	理解较迟，对复杂事件判断力不够	8	理解迟钝、判断力不良，经常无法处理事务	4
奖惩记录							考核评分			
							奖惩增减分			
							考绩			
考核人										
备注	本表从学识经验、管理等五个方面对主管人员服务成绩进行了详尽的考核，有利于企业了解各主管人员的素质。 评分标准：90分以上为优秀；80～90分为良好；70～79分为中等；60～69分为及格；60分以下为不及格									

管理大视角

"即时教导"省时间

要从忙碌中挪出时间来教育部属，的确是不容易的事，但是，认真说来，你本身很可能也犯了错。

第一，观念错误。也许你认为育才之事，必须通过外面的"讲习

121

会""讲座"才能收到效果。培养人才并不一定只靠这一类"研习会",你必须知道,"即时教导"也可以通过工作时达到它应有的成效。

第二,你是不是认为,"即时教导"是一种"很特殊的教育方式"?错了!领导干部每天在做的"领导工作",它本身就是"即时教导"。对于这一点,你必须有正确的认识。

工具 7　助理人员绩效考核表

姓名		日期				
项目	内容	分数				
		5分	4分	3分	2分	1分
绩效 25%	目标达成度	超过目标	达到目标	尚可	欠佳	落后
	工作品质	很完美	完美	尚可	欠佳	很差
	工作方法	很得要领	能简化	尚可	欠佳	不得要领
	工作量	很多	多	尚可	较少	很少
	工作效率	很高	高	尚可	差	很差
能力 25%	执行力	彻底执行	能执行	尚可	欠佳	很差
	企划能力	有新构想	求新	尚可	欠佳	不愿动脑
	理解力	能举一反三	良好	尚可	欠佳	很差
	判断力	机警过人	正确	尚可	欠佳	很差
	执行力	反应灵活	强	尚可	欠佳	反应慢
品德 25%	服从性	贯彻命令	能服从	尚可	—	不负责
	协作性	很好	好	尚可	欠佳	很差
	对公司的态度	很忠诚	—	尚可	差	差
	个人修养	很有修养	有修养	尚可	差	很差
	集体荣誉感	很强	强	尚可	不足	差

续表

项目	内容	分数				
		5分	4分	3分	2分	1分
学识 25%	专业知识	很丰富	丰富	普通	不足	太差
	一般知识	很丰富	丰富	普通	不足	太差
	文字表达力	很强	强	普通	不足	太差
	发展潜力	不可限量	有发展潜力	普通	不足	不可提升
	学识运用于本职的程度	很适用	可应用	尚可	不足	很差
计分						
各级主管评语						

工具8 销售人员能力考核表

分类	评价内容	满分	第一次	第二次	调整
工作态度	能全心全意地工作，且能成为其他职员的模范	10			
	细心地完成任务	5			
	做事敏捷、效率高	5			
	具备商品知识，能应对顾客的需求	5			
	不倦怠，且正确地向上司报告	5			
基本能力	精通职务内容，具备处理事务的能力	5			
	掌握职务上的要点	5			
	正确掌握上司的指示，并正确地转达	5			
	严守报告、联络、协商的规则	5			
	在既定的时间内完成工作	5			

续表

分类	评价内容	满分	第一次	第二次	调整
业务熟练程度	能掌握工作的进度，并有效地进行工作	5			
	能随机应变	10			
	有价值概念，且能创造新的价值概念	5			
	善于与顾客交涉，且说服力强	5			
	善于与顾客交际应酬，且不浪费时间	5			
责任感	树立目标，并朝目标前进	5			
	有信念，并能坚持	10			
	有开拓新业务的热心	10			
	预测过失的可能性，并想出预防的决策	5			
协调性	做事冷静，绝不感情用事	5			
	与他人协调的同时，也朝自己的目标前进	5			
	在工作上乐于帮助同事	5			
	尽心尽力地服从与自己意见相左的决定	10			
	有卓越的交涉与说服能力，且不树立敌人	5			
自我启发	以市场的动向树立营业目标	10			
	有进取心、决断力	10			
	积极地革新、改革	5			
	即使是自己分外的事，也能做企划或提出提案	10			
	热衷于吸收新情报或新知识	10			
	以长期的展望制定目标或计划并付诸实行	10			
	评价分数合计	200			
备注	本表从工作态度、基本能力、业务熟练程度、责任感、协调性、自我启发六大方面对营销人员进行了全面考核，方便企业对营销人员的素质有一个全面了解。 评分标准：180 分以上为优秀；150～179 分为良好；120～149 分为中等；100～119 分为及格；未满 100 分为不及格				

管理大视角

目标设置要具体明确

设立目标的目的是使所有员工的行动能够尽量统一，让大家具有共同的方向，从而使行动的效果达到最大化，这就必然要求目标的设置要明确。如果目标不明确，很容易对目标的理解产生分歧，从而影响目标执行效果。

目标应该达到能精确观察和测量的程度。大量的研究结果证明，具体、明确的目标要比笼统、空泛的目标形成更高的绩效。例如，在制定每月要达到的销售目标时，用具体的数字往往比含糊其辞的"尽最大努力""争取有所提高"等要有效得多。

工具 9　技术人员能力考核表

分类	评价内容	满分	第一次	第二次	调整
工作态度	很少迟到、早退、缺席，工作态度认真	10			
	细心地达成任务	5			
	做事敏捷、效率高	5			
	遵守上司的指示	5			
	不倦怠，且正确地向上司报告	5			
基本能力	精通职务内容，具备处理事务的能力	5			
	掌握职务上的要点	5			
	正确理解上司的指示，并正确地转达	5			
	严守报告、联络、协商的规则	10			
	在既定的时间内完成工作	5			
业务熟练程度	能掌握工作的进度，并有效地推进	5			
	能随机应变	10			
	有价值概念，且能创造新的价值概念	5			
	善于与顾客交涉，且说服力强	5			
	可以自己做新的工作	5			

续表

分类	评价内容	满分	第一次	第二次	调整
责任感	责任感强，切实完成交付的工作	5			
	即使是有难度的工作，身为组织的一员也应勇于面对	10			
	努力用心地处理事情，避免过错的发生	5			
	预测过错的可能性并想出预防对策	10			
协调性	做事冷静，绝不感情用事	5			
	与他人协调的同时也朝自己的目标前进	5			
	重视与其他部门的人协调	5			
	在工作上乐于帮助同事	10			
	尽心尽力地服从与自己意见相左的决定	5			
自我启发	热衷于吸收新情况或新知识	10			
	以市场的动向制订生产计划	10			
	有进取心、决断力	5			
	积极地革新、改革	5			
	即使是自己分外的事，也能企划或提出提案	10			
	以长期的展望制定目标或计划并付诸实行	10			
评价分数合计		200			
备注	本表从工作态度、业务熟悉程度等六大方面对技术人员的能力进行了全面考核，方便企业全面了解一个技术人员的工作能力。 评分标准：180分以上为优秀；150～179分为良好；120～149分为一般；100～119分为及格；100分以下为不及格				

工具 10 操作人员绩效考核表

单位		编号	
日期		姓名	

续表

考核项目	评分标准							
	甲		乙		丙		丁		戊
技能	工作最精确，错误极少并提前完成工作	20	工作精确，错误少，工作能力比一般人高	16	工作认真，错误正常，工作能力不比一般人差	12	工作欠精确，效率低，常需纠正	8	工作常有错误，拖延时间	4
协调性	与人协调无间，为工作顺利完成尽最大努力	20	爱护团体，常协助别人	16	肯应别人要求帮助他人	12	仅在必要与人协调之工作上与人合作	8	精神散漫，不肯与人合作	4
责任感	任劳任怨，竭尽所能完成任务	20	工作努力，分内工作非常完善	16	有责任心，能主动自觉	12	交付工作需常督促始能完成	8	敷衍无责任感，粗心大意	4
积极性	奉公守法，为他人楷模	10	热心工作，支持公司各方面政策	8	对本身工作感兴趣，不在工作时间开玩笑	6	工作无恒心，精神不振，不满现实	4	态度傲慢，常唆使他人向公司提出不合理要求	2
主动性	不浪费时间，不畏劳苦，交付工作抢先完成	30	守时守规不偷懒，勤奋工作	24	虽少迟到早退，但上班后常不在岗位	18	借故逃避繁重工作或与其他工人常聊天	12	时常迟到早退，工作不力，时常离开工作岗位	6
奖惩记录						考核评分			
						奖惩增减分			
						考核			

127

续表

评语		考核者	
备注	本表从技能、协调性等五大方面对从事具体操作的工作人员的服务成绩进行考评，方便企业对操作人员的能力有所了解。 评分标准：90分以上优秀；80～89分为良好；70～79分为中等；60～69分为及格；60分以下为不及格		

工具11　会计人员绩效考核表

项目	评分内容	指导
账册管理是否万全	5　4　3　2　1	
现金管理是否万全	5　4　3　2　1	
现金的收支是否谨慎	5　4　3　2　1	
支票的核对是否万全	5　4　3　2　1	
预付款的核对是否万全	5　4　3　2　1	
各种计算是否确实	5　4　3　2　1	
收款处理是否确实	5　4　3　2　1	
付款处理是否谨慎	5　4　3　2　1	
与银行的交涉如何	5　4　3　2　1	
资金的准备如何	5　4　3　2　1	
是否热心于资产的扩展	5　4　3　2　1	
是否热心于费用的节省	5　4　3　2　1	
备注	本表从账册管理是否万全、现金管理是否万全等十二个方面对会计部门业务能力进行了详尽的分析，有利于企业全面了解会计部门的工作能力。 评分标准：50分以上为优；45～49分为良；40～44分为中；35～39分为合格；35分以下为不合格	

工具 12　绩效考核面谈表

工作成功的方面：
工作中需要改善的地方：
是否需要接受一定的培训：
本人认为自己的工作在本部门和全公司中处于什么水平？
本人认为本部门工作最好、最差的是谁？全公司呢？
对考核有什么意见？
希望从公司得到怎样的帮助？
下一步工作和绩效的改进方向：
面谈人签名： 日期：
备注：
说明： 1.绩效考核面谈表的目的是了解员工对绩效考核的反馈信息，并最终提高员工的业绩； 2.绩效考核面谈应在绩效考核结束后一周内由上级主管安排，并报行政人事部备案。

> 管理大视野

拆除沟通的壁垒

人们总是要通过一定的渠道和方式来交流信息、沟通思想、协调行动。如果沟通渠道堵塞，互不通气，就会造成了解情况上的片面性，"听到风就是雨"，引起认识上的偏见和感情上的隔阂。信息传递失真，也会产生误解和歧视，引起冲突。例如，在一个企业，往往由于信息渠道不畅，导致设计、供应、生产、销售等部门经常在工作中发生冲突。

管理从某种意义上来讲也是一种交流，管理者将管理的信息发布出来，被管理者接到信息就会按照指令做事。信息畅通与否，直接关系到管理收到的成效。

然而，在许多传统组织中，信息传递的准确性总会受到种种干扰。公司管理者将任务交给下面的经理，经理又根据自己的理解将任务交给下面的项目负责人，项目负责人又根据自己的理解将任务布置给下属。在这种信息传递过程中，不可避免地就出现信息的变形，产生了种种信息壁垒。

工具13　员工弹性工作考核表

大部门：		分部门：	
被考核人姓名：	职位：	工资号：	
考核人姓名：	职位：		
工作的目标设定			

续表

业务目标	衡量标准	权重	完成时间	任务完成率	自己评分（权重×完成率）	上级评分（权重×完成率）	民意评分（权重×完成率）
1							
2							
3							
4							
5							
对相关部门支持目标	—	—	—	—	—	—	—
1							
2							
3							
行为/管理目标	—	—	—	—	—	—	—
1							
2							
3							

功过记录：

任务1：

任务2：

任务3：

任务4：

任务5：

任务6：

被考核人姓名：　　　　日期：　　　　考核人签名：　　　　日期：

工具14 员工年度考核成绩表

单位						编号					
姓名		职位			薪金			到职日			
本年度考核		本年度请假	迟到	早退	旷工	事假	病假	其他	本年度功过	大功	小功	嘉奖	大过	小过	申戒
考绩项目		最高分数	初核						复核						
专长及学识 25%	本职技能及知识	25	( ) × 25% = ( )						( ) × 25% = ( )						
	经验及见解	25													
	特殊贡献	25													
	专长及一般知识	25													
平常考绩得分 75%		100	( ) × 25% = ( )						( ) × 25% = ( )						
年度总成绩合计分数（ ）+（ ）=（ ）															
考核成绩	本年度请假应扣分数														
	本年度功过增减分数														

续表

考核成绩	实得分数	
	等级	
	应予奖惩	
备注		
考核人签名		

管理大视角

科学评估人才的能力，做到人尽其才

很多公司在内部出现职位空缺时，往往第一时间会想到找猎头公司，认为这样才能找到所谓的人才，虽然事实不尽如此，一方面，外来人才对公司企业文化还有一个磨合、适应期；另一方面，他们忽视了公司原有的人才，不予挖掘、起用，结果造成类似以上案例中企业精英的流失，浪费了人才资本。作为企业的管理人员，要了解人才个体自身的不同特点。因为每个人的能力特点有所不同，不同特点的人才对他从事什么样的工作以及工作效绩如何，都有极其重要的影响。只有当特点和工作相匹配的时候，才能充分地发挥人的能力和潜能，才能真正做到人尽其才。如何明确地鉴定不同个体人才之间的差别，寻找他们各自不同的特点呢？

其实，人才并不难甄别。在哈佛商学院MBA核心教程中对个性因素有这样的阐述，即在所有个性因素中有五个最基础的维度：一是外向型。这样的人才善于社交、言谈，适合做外交方面的工作。二是随和型。这样的人才能够愉快合作，给人以信任的感觉，适合做协调方面的工作。三是责任型。这样的人才具有强烈的责任感、可靠性，适合单独负责一个项目，委以大任。四是情绪稳定型。平和，安全，能够统揽全局，这样的人才适合做决策者，不以物喜，不以己悲，能够冷静处事，善于分析。五是经验开放型。个体聪明，敏锐，适合做开拓创新型工作。

基于以上五个维度，我们可以辨别出谁是庸才，谁是真正的人才，然后量体裁衣，善用人才，实现人尽其才。

第六章
员工素质、工作态度及专业考评管理工具

工具1　员工工作态度考核表

考核项目	第一次评价	第二次评价
○参与工作的态度		
□1. 参与工作时，精神很振奋		
□2. 彻底做好工作场所的整理、整顿工作		
□3. 切实实施工作目标、工作方法		
□4. 注重工作上所需用具、工具		
□5. 致力于制造愉快、良好的合作环境		
○提高工作效率的努力		
□1. 确认生产目标、工作目标，并踏实地达成		
□2. 遵守工作的日程、优先顺序		
□3. 仔细检查图面、规格后再工作		
□4. 尽早切实地做好材料、工具等的准备工作		
□5. 不重复小错误、小损失		
○工作零差错的努力		
□1. 预测可发生的过失，并努力防患于未然		
□2. 有问题绝不搁置，立即报告上司		
□3. 不忽略工作前的检查与确认		
□4. 谨慎操作开关或机械		
□5. 致力于根绝大意的过失、连续失误		
○改善、改良的努力		
□1. 注意每天是否有待改进的地方		
□2. 不断思考为何变成这样，为何不顺利等		

续表

考核项目	第一次评价	第二次评价
□3. 若改变人与机器的配合时，会发生怎样的变化		
□4. 若改变材料与加工方式的配合时，会发生什么变化		
□5. 尊重他人的构想，并给予正确的评价		
本表由领班小组长对下属员工对待工作的态度进行评价，促进员工不断端正工作态度，提高工作效率。		

管理大视角

鼓励成员的进取精神

下属做工作，必须有进取精神，这样才能把工作做好。但一以贯之地积极进取，却不是一件容易的事。有人雄心勃勃，锐意进取，但一朝受挫就意志消沉，一蹶不振；有人一时成功就扬扬得意，结果不思进取。由此可见，要积极进取确实不易。

所谓进取就是不断地奋斗，这正是一个人的活力所在，也是一个团体的活力所在。领导者的领导能力如何，一个重要的方面就是看其下属的士气如何、进取精神如何。激励进取既是下属成功的关键，也是团体领导事业成功的关键。

工具2　员工综合素质考核表

所属部门		职务		姓名	
工作内容简述					

续表

评分项目	职务级别评分比例 (一)	职务级别评分比例 (二)	说明	初评	分数	复评	分数	综合评分
工作量	10	15	在一定期间内完成交付工作的量与速度	1~5分		1~5分		
工作效率	10	15	完成交付工作的正确性及品质	1~5分		1~5分		
安全卫生意识	5	5	注意工作环境的安全卫生，避免工作中危险发生的态度	1~5分		1~5分		
成本意识	10	10	执行工作中节省物力，避免浪费的态度	1~5分		1~5分		
责任感	10	10	积极完成工作责任的努力程度	1~5分		1~5分		
适应性	10	5	对工作环境的适应及与同事间的合作能力	1~5分		1~5分		
品德操行	15	15	执行工作的操守、个人修养及爱护公司的观念	1~5分		1~5分		
工作知识	15	15	具备执行工作所必需的基本知识、专业知识	1~5分		1~5分		
学习能力	5	10	对工作技术、知识接受教导及自行研习的能力	1~5分		1~5分		
领导能力		10	引导、激励部属的能力	1~5分		1~5分		
总分								

全年度考勤记录累计									考绩等级	
事	病	婚	娩	丧	休	伤	迟	旷		
									奖惩	□晋级 □晋级加奖金　个月薪资 □考绩奖金　个月薪资额 □不奖 □降级

合计	日	时	
受奖加分			
受罚减分			
考勤加分			
考勤减分			
得分核计			

续表

> 备注：
> （1）职务级别适用评分比例编号：（一）小组领导；（二）一般工员。
> （2）本表由上级主管对下属十个方面的素质进行考核，可充分体现员工的综合素质。

工具3　员工专业技术知识检查表

检查项目	第一次评价	第二次评价
○每个人都应知道的事		
□1.知道主力商品技术上的特征		
□2.熟读主力商品的使用说明书		
□3.具备主力商品在技术发展过程中的基本知识		
□4.了解主力商品的竞争对手在技术上的差异		
□5.了解公司综合技术能力的基本知识		
○关于新产品应有的知识		
□1.知道新产品在技术上的改良点		
□2.知道新产品的技术服务重点		
□3.关心使用者对新产品在技术上的评价		
□4.关心业界对新产品在技术上的评价		
□5.迅速地学会新产品的操作		
○与使用者在接触上应知道的事		
□1.从使用公司商品的人那里听取个人直接的感想		
□2.知道使用者对公司商品的技术的评价		
□3.强烈关心公司商品的服务手册		
□4.以使用者的立场使用公司的商品		
□5.知道公司商品的宣传重点，并了解它的效果		
○对技术开发现场的关心		

续表

检查项目	第一次评价	第二次评价
□1. 积极从事与技术开发承办者的交流		
□2. 技术上有不明之处，会立刻询问技术关系人		
□3. 经常出席产品的技术说明会		
□4. 参观制造现场，听取制造过程简报		
□5. 对于技术开发，提出自己的意见		
○对技术开发的关心		
□1. 关心公司技术范围的报章消息		
□2. 阅读公司技术范围专业杂志		
□3. 阅读公司技术范围专业书籍		
□4. 关心业界整体的技术开发动向		
□5. 关心先进技术		

工具 4　员工考评表

姓名		性别		年龄		考评者	初评（章）	调整（章）	审批者
职别		部门							

评定因素	评定项目	奖金考评		提薪考评		特别记事
		初评	调整	初评	调整	
成绩评价	质量					
	数量					
	教育指导					
	创新改进					

续表

评定因素	评定项目	奖金考评		提薪考评		特别记事
^	^	初评	调整	初评	调整	^
工作态度评价	纪律性					
^	协调性					
^	积极性					
^	责任性					
^	自我开发					
^	热情					
能力评价	知识技能					
^	判断决断					
^	交涉协调					
^	应用开发					
^	指导监督					
评语： S……180分以上 A……150~179分 B……90~149分 C……60~89分 D……60分以下		考评合计	分　分	考评合计	分　分	人事部计入栏	
^		评语		评语		最终评语	奖金
^		申请评语 || 申请评语				

本表由主管部门对下属员工的成绩、工作态度、能力三方面进行考评，方便企业了解员工这些方面的素养。
评语的含义：
S. 非常优秀、毫无过失；A. 毫无过失；B. 符合要求、基本满意；
C. 最好再努把力；D. 尚需非常努力才行

| 高效管理员工的工具及表格

> 管理大视角

必须注意信度与效度分析

所谓员工考核指标的信度，是指这个考核指标的真实程度，即这个指标是否为企业运作过程一个确实存在的工作环节？能否用数据或者信息表达？能否被证明是可观察的？它所用到的数据的采集方法是否是科学的、可靠的？

所谓员工考核指标的效度，是指这个考核指标的有效程度，即用这个指标能否考查出员工的工作态度如何？能否反映员工的工作能力高低，计算出员工的工作业绩？照指标来评价员工工作，大家会不会认可它是公正的？照这个指标来引导员工劳动对企业实现经济目标是否真有正面作用？

做员工考核指标的信度和效度分析，常见的问题主要有两方面：一是缺乏论证的严肃性，事前的设计预案较少科学分析；事中的讨论只是在经营班子中象征性地吵一顿，没人提出异议就算通过，难做深入推敲；事后的反馈也往往被忽略。二是缺乏论证的专业性，参加讨论的人大多不是内行的设计者，讨论的重点往往是"公平性"，而不是"科学性"。

工具5　工作自主性测评

测评目标	工作自主性
测评说明	每道题有三个答案，根据实际情况，选择适合自己的项。
测评题	1. 在工作中，你愿意： A. 与别人合作 B. 说不准 C. 单独进行 2. 在接受困难任务时： A. 有独立完成的信心

续表

测评题	B. 拿不准 C. 希望有别人的帮助和指导 3. 你希望把你的家庭设计成： A. 有自己活动和娱乐的个人世界 B. 与邻里朋友活动交往的空间 C. 介于 A、B 之间 4. 解决问题借助于： A. 独立思考 B. 与别人讨论 C. 介于 A、B 之间 5. 在以前与异性朋友的交往： A. 较多 B. 一般 C. 比别人少 6. 在社团活动中，是不是积极分子？ A. 是的 B. 看兴趣 C. 不是 7. 当别人指责你古怪不正常时： A. 非常生气 B. 有些生气 C. 我行我素 8. 到一个新城市找地址，一般是： A. 向别人问路 B. 看地图 C. 介于 A、B 之间 9. 在工作上，喜欢独自筹划或不愿别人干涉： A. 是的 B. 不好说 C. 喜欢与人共事 10. 你的学习多依赖于： A. 阅读书刊 B. 参加集体讨论 C. 介于 A、B 之间

续表

测评标准	得分	题号									
		1	2	3	4	5	6	7	8	9	10
	A	0	2	2	2	0	0	0	0	2	2
	B	1	1	0	0	1	1	1	2	1	0
	C	2	0	1	1	2	2	2	1	0	1

测评分析	15~20分：自主性很强。自立自强，当机立断。 11~14分：自主性一般。对某些问题常常拿不定主意。 0~10分：自主性低。依赖、随群、附和。

工具6　员工能力与态度考核表

姓名		所属部门				第一次		第二次	
出生日期		成绩评语	上半年		下半年	出勤	缺勤	其他	

·第一次评定用黑笔，第二次评定（调整）用红笔（只注明不同之处）
·合计分栏中只填写第二次评定（调整）后的分数合计

评定项目		职级	要点	评定
基本能力	知识	通用	是否充分具备现任职务所要求的基础理论知识和实际业务知识	
业务能力	理解力判断力	A级 B级	是否能充分理解上级指示，干脆利落地完成本职工作任务，不需上级反复指示或指导	
		C级以上	是否能充分理解上级指示，正确把握现状，随机应变，进行恰当的处置	

续表

评定项目		职级	要点	评定
业务能力	表达力交涉力	A级 B级	是否具有现任职务所要求的表达力（口头和文字），是否进行一般联络、说明工作	
		C级以上	在和企业内外的对手交涉时，是否具有使对方诚服，接受同意或达成妥协的表达、交涉力	
工作态度	纪律性	通用	是否严格遵守工作纪律和规定，很少迟到、早退、缺勤等；对待上级、前辈和企业外部人士有礼貌、注重礼仪；严格遵守工作汇报制度，按时提出工作报告	
	协调性	通用	在工作中，是否充分考虑到别人的处境，能否主动协助上级和同事，是否努力使工作单位团结、活跃、协调	
	积极性	通用	对分配的任务是否不讲条件主动积极，尽量多做工作，主动进行改良改进，向困难挑战	

[评定标准] A……非常优秀，理想状态 A……优秀，满足要求 B……基本满足要求 B……略有不足 C……不满足要求	评级	
	评语	
	人力资源部决定评语	

工具7 员工专业水平考核表

所属部门					姓名				职称	
工作内容										
评分项目	初评				分数	复评			分数	评语
专业知识了解程度	1	2	3	4	5	1	2	3	4	5		
能否熟练运用专业技能	1	2	3	4	5	1	2	3	4	5		

续表

评分项目	初评					分数	复评					分数	评语
对出现问题或故障的应对能力	1	2	3	4	5		1	2	3	4	5		
专业知识与工作实践结合能力	1	2	3	4	5		1	2	3	4	5		
对上级指示的领悟力	1	2	3	4	5		1	2	3	4	5		
评定人							日期						
备注	本表从专业知识了解程度、能否熟练运用专业技能等五个方面对员工的专业水平进行了考核，有利于主管部门了解下属员工对专业知识的掌握程度、灵活运用程度、与实践结合能力等方面的情况。 评分标准：60分为及格；61~70分为良好；71~80分为优秀；80分以上为特优													

管理大视角

必须关注规范性和可操作性

谈到员工考核指标设计的规范性，不能不指出的是：相当多的企业在设计考核指标时流于粗疏，并没有真正想清楚就仓促上阵了。结果，运作起来要么歧义丛生，莫衷一是；要么似是而非，不知所云。落实到目标责任书上居然也只是"营业额达到多少多少元""客户满意度不得少于百分之多少"一类不知所云、很不确切的表达。按照规范的做法，一项考核指标至少要回答10个问题：

第一，这个考核指标的正式名称是什么？

第二，这个考核指标的确切定义怎样阐发？

第三，设立这个考核指标的直接目的何在？

第四，围绕这个考核指标有哪些相关说明？

第五，谁来负责收集所需要的数据，用怎样的流程来收集？

第六，所需要的数据从何而来？

第七，计算数据的主要数学公式是什么？

第八，统计的周期是什么？

第九，什么单位或个人负责数据的审核？

第十，这个考核指标用什么样的形式来表达？

把握了上述原则以后，你就可以确定本公司的考核指标。

工具 8　员工工作潜力考核表

姓名		职称		部门		工作时间	
考级项目			说明		最高分		考级分数
工作表现	实行力	如期或提前完成交办事项			10		
	工作品质	交办事项彻底完成			10		
	可靠性	交办事项或工作报告的可靠性			10		
	问题研判力	分析与解决问题的能力			10		
	工作知识	对解决问题的知识技术与能力			10		
工作品性	自发性	主动发掘事情态度			10		
	合作性	集体工作态度和协助他人情形			10		
	忠实性	对职守忠实性、守秘性			10		
	领导力	对属下指导、工作指挥能力			10		
	纪律性	对制度、规定遵守态度			10		
	才智	对问题反应能力			10		
工作潜在能力说明							
主管评语（包括应接受训练及上列考核的辅助说明）							
考核期间 自　　至		原工资：		拟建议调整为：		晋薪比例：	
人力资源部意见			工厂拟核定： 核准　　　　　　　　日期				
本表由主管对下属员工表现出的工作品性进行分析，从而达到挖掘职工工作潜能的目的，有利于充分发挥每个员工的优势。							

工具9　员工达标能力考核表

考核项目	第一次评价	第二次评价
○目标意识是否强烈		
□1. 了解做事必须抱着目标的重要性		
□2. 了解目标是行动不可欠缺的要素		
□3. 为了达成目标，必须培养自信		
□4. 为了达成目标，必须自我启发		
□5. 向同事或下属说明目标的重要性		
○拟定目标的态度		
□1. 目标不会设定得太轻松、简要		
□2. 正确掌握目标的"方针、指南"		
□3. 目标不会设定得过大		
□4. 不会胡乱制定过多的目标项目		
□5. 将目标拟定在纸上，并记录在自己的手册里		
○开始迈向目标的心理准备		
□1. 先拟定目标实现的日程表后再行动		
□2. 假想中途报告、联络、协商的重点		
□3. 设立终点目标后再行动		
□4. 考虑得到终点目标的手段、难处后再行动		
□5. 怀抱绝对的信心出发		
○实施、执行时的态度		
□1. 随时检查每日、每周、每月、每年的目标达成进度		
□2. 如预定进度发生偏差，能早日采取修正的对策		
□3. 具有进展中随时报告、联络、协调的概念		
□4. 进度发生偏差时，能彻底分析原因		

续表

考核项目	第一次评价	第二次评价
○不顺利时的原因追溯		
□1. 即使无法顺利达成目标，也不归罪他人		
□2. 不顺利的情况下，应早日请示上司		
□3. 重新考虑不顺利的原因，并拟定对策		
□4. 如知道是缺乏干劲而导致不顺利的话，应自我振作		
□5. 凡事不顺利，也不轻言放弃		
本表由主管部门对下属员工的目标意识及达成的努力程度进行考核，从而达到促进员工不断进取的目的。		

工具 10　员工创新能力考核表

姓名					职称					
评分项目	初评				分数	复评				分数	评语
问题发现能力	1	2	3	4	5		1	2	3	4	5		
技术改进能力	1	2	3	4	5		1	2	3	4	5		
产品创新能力	1	2	3	4	5		1	2	3	4	5		
新环境适应能力	1	2	3	4	5		1	2	3	4	5		
提出新方案能力	1	2	3	4	5		1	2	3	4	5		
主管					日期					
备注	本表由主管部门对下属职员的创新能力进行评价，一方面促进职员不断创新，另一方面便于主管部门发现具有创新能力的职员，以充分挖掘职员潜力。									

工具 11 员工管理潜能评定表

姓名			年龄		到职年月	
服务部门			现任职务		担任本职务开始年月	

	项目	优异	良好	平常	欠佳	本项目评语
管理才能	领导力					
	处事能力					
	协调能力					
	责任感					
	总评					

配置建议	
派职建议	

上一级主管：	直接主管：

备注	本表由上级主管部门对下级职员的领导力、处事能力、协调能力及责任感进行考核，有利于上级发掘与培养下级的管理才能。

第七章
薪酬与福利待遇管理工具

工具 1　薪资管理规定

第 1 条　本公司依据劳资兼顾、互利互惠原则,为给予员工合理的待遇,特制定本章程。

第 2 条　员工薪资采用月给制,当月薪资于次月 5 日发放(如逢节假日提前一日发给)。新进人员于报到日起薪,25 日以后到职者,当月薪资并于次月发放。

第 3 条　新进人员本薪由总经理依员工的学历、经历、职务核定职等及薪级。

第 4 条　新进人员工作不满 3 天者,薪资不发。

第 5 条　薪资项目分为:

(1) 津贴:

①伙食津贴:员工餐费每人每月　　元。

②主管津贴:企管人员依不同职务,给予不同津贴。

③生活津贴:为配合经济发展、物价上涨与安定员工生活所给予的津贴。

·每年 4 月份经总经理核定调整一次。

·调整依据:依个人绩效与贡献大小。

(2) 本薪:

①依"职务评价"规定给付范围,并在此范围内再依学历、年资、能力、绩效等核给固定薪资。

②本薪于每年 10 月调整一次。

③调整依据:依个人绩效与贡献程度。

(3) 奖金:

①全勤奖金:为鼓励员工敬业精神而设。

·每月无事假、病假、旷职、迟到、早退记录者,每人当月发给　　元。

·婚、丧、产假、工伤病假,每月少于 5 天者照发。

②年终奖金:计算基础:本薪。

·发放时间:于春节前 2 天发放。

·发放标准:由总经理核定发放金额,服务年资不满 1 年者,依年资比例计算;不满半个月以半个月计;超过半个月,不满 1 个月者,以 1 个月计。

续表

・奖惩：年度平均考绩列入 A 等者，加发 1 个月年终奖金的 25%，但人数不得超过该考核人数的 15%；年度平均考绩列入 D 等者，减发一个月年终奖金的 10%，但不得超过该考核人数的 10%。

・营业状况及获利率很高或很差时，须经总经理核准加发或减发年终奖金。

第 6 条　薪资调整：

（1）本薪及生活津贴的调整依据个人绩效。

（2）本薪调整幅度：A 等加薪级四级，B 等加薪级三级，C 等加薪级二级，D 等加薪级一级。

（3）生活津贴的调整幅度：由总经理依据员工的考核成绩、职务、工作年资及公司经营状况分别核定金额。

（4）公司营业状况特差时，须酌情降低调薪额度，或暂不调整。

（5）调整金额人数比例：A 等，20%；B、C 等，70%；D 等，10%。

管理大视角

薪酬激励：始终不可或缺

《史记・货殖列传》说："天下熙熙，皆为利来；天下攘攘，皆为利往。"也就是说，人们忙忙碌碌所追求的就为一个"利"字。古代生产力极为低下，追求利益是迫切的；今天物质虽已非常丰富，但还没有极度发达，追求物质与金钱，仍在很长一段时间内是大多数人的重要目标。一个人无论多么高尚，即使可能会因谋求个人的发展而牺牲个人收入，但不可能长期如此，因为他要生存。

人人都有一些与生俱来的需要，如生存、稳定的收入、被人接受、希望别人尊重自己、渴望成功等。在企业中，金钱是员工的最根本需求之一。要使企业拥有持久的活力，首要任务就是满足员工的物质需求。

员工会按照市场情况和一些合适的对象进行比较，他们自己的收入影响着他们对工作的满足程度。在管理工作中，必须让员工感受到自己的价值得到了承认。无论管理者使用多么美妙的言辞表示感激，提供多么良好的训练，他们最终都期望得到自己应得的报酬，使自己的价值得到体现。

工具 2　工资标准及发放办法

总则	第 1 条　为了调动职员工作积极性，创造最佳社会效益和经济效益，特制定本办法。 第 2 条　公司实行效益工资制。公司职员根据全方位规范管理目标的实现情况限额递增或递减标准效益工资。 第 3 条　公司职员工资随着公司发展和经济效益的提高逐步增加。 第 4 条　公司正式录用专职职员、兼职职员、特邀职员和顾问在应聘期间的工资发放适用本办法。
工资总额构成	第 5 条　工资总额是指公司在一定时期内直接支付给职员的劳动报酬总额。工资总额的计算应以直接支付给职员的全部劳动报酬为依据。 第 6 条　工资总额由下列五个部分组成： （1）基本工资； （2）奖金； （3）津贴和补贴； （4）加班工资； （5）特殊情况下支付的工资。 第 7 条　基本工资是指按计时工资标准和工作时间支付给职员的劳动报酬，包括： （1）对已做工作按计时工资标准支付的工资； （2）效益工资制情况下支付给职员的基础效益工资和岗位工资； （3）新聘职员试用期间的见习工资。 第 8 条　奖金是指支付给职员完成任务或超额完成任务或创收节支的劳动报酬，包括：任务（定额）奖、超额奖、节约奖、创收奖、管理奖、劳动竞赛奖、其他奖金。 第 9 条　津贴和补贴是为了补偿员工特殊或额外的劳动消耗和因其他特殊原因支付给员工的津贴，以及为了保证员工工资水平不受物价影响支付给员工的物价补贴，包括：

续表

工资总额构成	（1）津贴包括补偿职员特殊或额外劳动消耗的津贴、保健性津贴、技术性津贴、年功性津贴及其他津贴； （2）物价补贴包括为保证职员工资水平不受物价上涨或变动而支付的各种补贴。 第10条　加班工资是指劳动者按照用人单位生产和工作的需要在规定工作时间之外继续生产劳动或者工作所获得的劳动报酬。 第11条　特殊情况下支付的工资包括： （1）根据国家法律、法规和政策规定或公司规定，因病、工伤、产假、婚丧假、定期休假、停工学习等原因按计时工资标准或计时工资标准一定比例支付的工资； （2）附加工资、保留工资。 第12条　工资总额不包括下列项目： （1）在国家有关部门或公司取得的创造发明奖、自然科学奖、科学技术进步奖、合理化建议奖、技术改进奖及为公司引进资金、人才、信息、技术、产品奖和卓越贡献奖； （2）职员保险和福利方面的各种费用； （3）劳动保护的各项支出； （4）稿费、授课费、校对费及其他劳务性报酬； （5）出差伙食补助费、午餐补助费； （6）职员包干完成工作任务的风险性补偿收入； （7）因录用职员向有关单位支付的手续费、管理费、停薪留职费； （8）其他认定不应包括的事项。
工资级别和工资标准	第13条　公司将职员分为高级、中级、一般三类，工资级别定为五档。 第14条　公司职员分为下列三类： （1）高级职员：总经理、副总经理； （2）中级职员：主管经理、总经理助理、总经理秘书、总会计师、主编、各部室主任； （3）一般职员：主任助理、秘书、会计、审计、出纳、保管、公务、编辑、信息员、发行策划、公关策划、培训管理、电脑操作员等。 第15条　公司职员的工资级别如下： （1）高级职员分为一级、二级。 一级：总经理；二级：副总经理。

续表

工资级别和工资标准	（2）中级职员分为三级、四级。 三级：主管经理、总经理助理、总经理秘书、主编；四级：会计师、各（部）室主任。 （3）一般职员为五级。 五级：一般职员，包括第14条第（3）款规定的所有职员。 第16条　公司职员的标准月薪包括下列项目： （1）基本工资； （2）奖励工资（完成方案责任指标后核发的工资）； （3）各种津贴和补贴； （4）经认可的其他项目。 第17条　公司职员的标准月薪不包括下列项目： （1）奖金； （2）加班工资； （3）特殊情况下支付的工资； （4）本办法第12条规定的项目。 第18条　公司顾问、兼职职员、特邀职员不享受本办法第16条规定的工资标准。 第19条　公司聘请的顾问实行结构工资制，包括基础工资和岗位工资。 第20条　公司兼职人员、特邀职员实行计件或计时工资制，具体标准由兼职人员和特邀职员管理部门制定。 第21条　享受效益工资的公司职员由部门主管根据公司管理目标逐级评定。公司副总经理的工资由总经理评定，主管经理、总经理秘书、总经理助理、总会计师、各（部）室主任的工资由主管副总经理评定，一般职员的工资由各（部）室主任评定。 第22条　公司职员效益工资的评定依据为： （1）任务占工资标准的30%，其中定额为15%，质量为15%； （2）效益占工资标准的50%，其中利润为40%，创收为5%，节约为5%； （3）管理占工资标准的20%，其中出勤为7%，制度执行情况为6%，卫生与安全为2%，纪律为3%，综合考评为20%。 第23条　公司职员效益工资的核发办法如下： （1）享受效益工资的公司职员，从效益工资实行之日起，月发效益工资标准的50%；年终核定指标后，达标者一次补清； （2）享受效益工资的公司职员，年终核定本部门未达标时，按未完成指标的比例递减标准效益工资；

续表

工资级别和工资标准	（3）已享受效益工资的职员，经定期考核发现其完成的指标低于当月指标的 50% 以下时，按效益工资标准的 20% 发放； （4）已享受效益工资的职员 3 个月均未完成核定指标时，停发标准效益工资。
工资及非工资收入评定	第 24 条　公司职员年终奖励工资和奖金采取与核发工资比值等同比例的办法评定发放，也就是说，公司职员每年平均月薪收入比例即为公司职员年终奖励工资和奖金比例或奖金比例。 第 25 条　公司对按期完成责任指标、超额完成责任指标、创收节约者的奖金评定按照公司有关规定执行。 第 26 条　公司的奖金评定以公司或部门核定责任指标的完成情况为依据，出现下列情况之一的，公司职员不得享受奖金： （1）公司或部门没有按核定的方案实现其利润指标，而且创收和节约等实际收入又不能补足利润指标的； （2）公司或部门的创收和节约指标均低于核定方案的 30% 以下的； （3）公司或部门管理指标低于核定方案的 50% 以下的； （4）公司或部门在实施方案中出现一次以上责任事故以致严重社会影响和重大经济损失的； （5）总经理办公室认定其他不应当享受奖金原因的。 第 27 条　公司高级职员的奖金从公司核定方案实施后的效益指标中提取。奖金数额一般不得超过效益指标的 3%。 第 28 条　公司中级职员的奖金数额根据下列情况确定： （1）能够按期完成责任指标的部门，该部门负责人有权取得高于本部职员平均奖金收入 2 倍的奖金数额； （2）能够超额完成责任指标的，该部门负责人有权取得高于本部门平均奖金收入 3 倍的奖金数额； （3）超额完成效益指标，超过该部门核定方案效益指标的 30% 以上的，该部门负责人有权取得高于本部门职员平均奖金收入 4 倍的奖金数额； （4）部门负责人完成上述 1、2、3 项，并且本人为公司做出卓越贡献，或本人创收超过 10 万元的，部门负责人有权取得高于本部门职员平均奖金收入 5 倍的奖金数额。 （5）是否为卓越贡献由总经理办公室评定。 第 29 条　公司职员非工资收入的评定按公司制定的有关规定执行。公司没有明文规定的，由总经理办公会或总经理办公室评定。

续表

核发程序	第30条　公司总经理办公室财务部是发放工资及非工资收入的唯一合法机构。财务人员根据总经理签批的工资表及领款单发放。其他部门无权发放工资及非工资性收入。 第31条　公司职员工资表由各部门主管依据本办法第24条规定和其他规章制度，按月分部门逐级编制。编制工资表必须做到：内容具体有依据，项目齐全有事实，全额准确无差错，字迹清楚无涂改。编制工资表必须使用碳素墨水钢笔或签字笔。 第32条　部门编制的工资表经复查无误，由部门主管和编制人签名盖章后交总经理办公室。总经理办公室会同财务人员对各部门提交的工资表逐一审核。认定内容、项目、金额等准确无误后，由审核人员签字盖章，送交总经理批准。 第33条　总经理办公室在审核中，发现部门编制的工资表有误，应及时指出并退回有关部门重新编制，并限定编制时间。审核中对某些问题或事项有争议的，报主管副总经理或总经理认定。 第34条　公司财务人员依据总经理批准的工资表，及时提款，按时发放工资。 第35条　非工资性收入的发放由公司职员填写领款单，部门主管批准并签字，财务人员审核并送总经理签批。非工资性收入由财务部门定期或不定期发放。 第36条　公司职员的奖励工资和奖金年终经核定部门审核，并办理奖金领款单和编制奖励工资表等手续后，经总经理办公室审核，送总经理签批。奖励工资和奖金由财务部门在年终指定时间一次性发放。
附则	第37条　本办法在实施中可根据具体情况制定实施细则，或提出修正意见提交总经理办公室予以修正。 第38条　本办法的解释权归总经理办公室。 第39条　本办法从发布之日起施行。

> 管理大视角

建立有效的薪酬制度

很长一段时间，员工薪酬和奖金计划被认为是激励员工的最佳途径。在有些地方，钱成为一种避免利用其他激励因素的逃避方式。谁都能随口说出"多做点，我会多付你钱"这句话。

但是随着社会经济的发展，很多公司逐渐发现，金钱这种传统的单一激励手段，在实施过程中受到了诸多因素的制约。

人的欲望是无穷的，企业有限的物质资源永远无法满足员工的无限需求。同时，当员工所得到的物质财富达到一定水平时，受"边际效用递减规律"的影响，如果继续增加所分配的物质财富的数量，对员工的激励作用将不再突出。

尽管薪酬激励存在一些弊端，但这并不等于说我们就可以忽视薪酬激励。对下面四种类型的人而言，薪酬激励可能是一种相当不错的选择：

雅皮士：他们的收入尚未能支持他们实现理想的生活方式，希望钱多多益善；

拼命往上者：这些人以前很穷，现在正打算买地产，或第一次拥有余钱，他们感到钱相当有魅力；

赚钱狂：这些人生活的全部意义就是赚钱；

追求成就者：这些人把成就看得比什么都重要，这种成就包括与自身价值相当的收入。

所以，薪酬设计要以组织战略、组织结构、职位体系为基础，要考虑内部一致性和外部竞争力。从公司战略出发，为公司取得竞争优势提供支持，吸纳、维系和激励优秀员工是现代人力资源管理的战略性任务。

工具 3　职能工资支付规定

目的	为确定职能工资的管理方法，特制定本规定。
定义	本规定中的职能工资，是指根据个人的职务及能力而确定的基本工资。

续表

分类	职能工资按下列职务分类： （1）管理职务； （2）事务、技术职务； （3）技能职务； （4）管理职务。 担任管理职务者是指较大组织的负责人或担任同等程度的职务，参与经营管理，并在较广的范围内负有责任者。
事务、技术职务	事务、技术职务的担当者主要是指从事事务性或技术性工作的人员，包括较小组织的管理人员。
技能职务	技能职务的担当者是指在作业现场直接或间接从事操作的人员，包括班组负责人。
职能等级	职能等级按不同职务分别确定。管理职务分为三等，事务、技术以及技能职务均分为八等，每等均再分为五级。
职能等级的评定	职能等级按下列原则评定： （1）所担任工作的重要性； （2）知识及经验； （3）工作能力及指导能力。
等级标准	在上一条中所述的等级评定的具体标准，视各企业具体情况而定。
职能工资的金额	职能工资的金额由各企业自行确定。
提级和提薪	职能等级的提级和提薪，每年一次，在＿＿＿月进行。但当其所担任的职务发生变动时，亦可临时进行职能评审。
附则	本规定从＿＿＿年＿＿＿月＿＿＿日起实施。

工具4　销售人员工资管理办法

第1条　本公司根据各销售员的营业能力、工作业绩、出勤状况、劳动态度等要素将销售人员划分为一级、二级、三级三个等级。等级划分首先由主管科长考核再报呈公司经理确定。上述各级别的标准是：

续表

（1）一级：能够协助上级工作，对其他职员能起到指导、监督作用的，具备优秀品格的模范职员。一级销售人员要有两年以上从事销售工作的经历，并且在近半年的销售工作中取得了优异成绩。

（2）二级：有半年以上销售工作经历，工作努力，经验丰富，勇于承担责任的中坚职员。曾由于不当行为损害社会利益者，不能定为二级。

（3）三级：经过短期培训的其他职员。

第2条　职员工资为月工资制，由基本工资和津贴构成。

第3条　基本工资实行职务等级工资制。

第4条　工资等级的确定和升降，根据考核的结果，在每年2月、5月、8月、11月进行。对业绩低下者，要适当降级。

第5条　津贴分为家庭津贴和销售津贴两类。

（1）家庭津贴的支付标准：抚养人口仅一人者给××元，有两人以上则每增加一人增加××元，最多支付到四口人。

（2）销售津贴以班组长为对象，根据本公司考核办法，用下述方法支付：

①对突破销售目标的班组长，每得一分增加××元；

②不属于上述情况的班组长，每得一分增加××元；

③具体支付时间确定在次月工资发放日。

销售职员每人每月付给××元销售津贴。凡旷工1日或迟到早退3次以上者，不发给津贴。家庭津贴和班组长销售津贴，如果是由于生病或其他难以避免的原因造成迟到、早退或旷工，经过上级主管批准，可以照常发放。

第6条　各项工资的支付时间和方法如下：

（1）工资的计算截止到每月20日，25日发放。发放日为节假日时，改为前1日或次日发放；

（2）月中进入公司者和中途离职、复职的职工，按实际工作日对月标准工作日所占比例计算，每月计算基准日定为30日；

（3）工作实绩不佳或出勤状态差的职员，最多发给基本工资的90%。

第7条　有关销售分数的计算和离、退休人员的报酬，另作规定。

管理大视角

奖励失败，不只是奖励成功

人们犯错误的时候最不愿看到的就是惩罚。这一点我们每个人都有体会，若因为失败而受到处罚，大家就不敢轻举妄动了。因此，我们要学会采取"奖励失败，不只是奖励成功"的措施。因为一个企业每个员工战战兢兢、提心吊胆，它注定无法长久运转下去。员工即使犯了大错，也不要随随便便辞退员工，否则，企业很危险。

为了鼓励员工具备承担风险的勇气，不妨推出"奖励失败，不只奖励成功"的措施。让职员明白，只要你的理由、方法都是正确的，即使结果失败，也值得鼓励。

"错误"这个词按照常理是不受欢迎的字眼，没有几个人会喜欢它，但我们必须对它采取拥抱的姿态。很多时候，我们造就了不起的人，然后，由他们造就了不起的产品和服务。企业怎样造就那些了不起的人呢？其中一个重要的机制就是允许失败。

工具5　工资扣缴表

年度　　编号　　字第　　号

服务单位		职称		所得人姓名			身份证号码					
所得人原籍												
所得人住址												
时间		配偶及所需抚养人		给付明细						所得税	劳工保险费	福利基金	实际给付额	给付日期	领款签字
年	月	有	无	人数	工资	工资上期	工资下期	奖金	加班津贴	假日津贴	有	无	合计					

续表

时间		配偶及所需抚养人			给付明细								所得税	劳工保险费	福利基金	实际给付额	给付日期	领款签字
年	月	有	无	人数	工资	工资上期	工资下期	奖金	加班津贴	假日津贴	有	无	合计					

工具 6　工资标准表

职称	职位等级	基本工资	职务补贴	技术补贴	特殊补贴
总经理					
副总经理					
经理、厂长、总工程师					
副经理、总经理助理					
高级工程师、专员					
科长、工程师					
副科长、副主任、助理工程师					
组长、技术员管理员					
办事员、辅组长					

续表

职称	职位等级	基本工资	职务补贴	技术补贴	特殊补贴
助理员、代理班长					
办事员、副班长					
助理员、代理班长					
实习生					

工具7 工资奖金核定表

	本月营业额		本月利润		利润率	
	可得奖金		调整比例		应发奖金	
奖金核定	单位	姓名	职别	奖金	单位	姓名	职别	奖金
奖金核定标准	本月净利润		可得奖金		本月营业额		目标利润提高比例	

总经理：   核准：   填表：

第七章　薪酬与福利待遇管理工具

> 管理大视角

目标激励：动机带动行为

人的行为都是由动机引起的，并且都指向一定的目标。这种动机是行为的一种诱因，是行动的内驱力，对人的活动起着强烈的激励作用。管理者通过设置适当的目标，可以有效诱发、导向和激励员工的行为，调动员工的积极性。

作为一种商业化的营利性组织，公司有明确的经营理念和经营目标，而经营目标的实现有赖于公司全体成员的共同努力。然而，公司是由各个职能部门和作业单位所构成的，员工因分工处于不同的岗位上，各自的努力程度、工作进度等都可能存在不一致情况。

工具8　新员工工资核准表

年　月　日		编　号		
工作部门		职别		
姓名		到职日期	年　月　日	
学历				
工作经验				
能力说明				
要求待遇		公司标准		
按核工资		生效日期		
批示		单位主管		人事经办

工具9　工资发放表

单位：（元）

姓名	本薪	加班费	奖金	提成	应发金额	所得税	劳保费	预付费	伙食费	实发金额	签字
合计											

董事长：　　　总经理：　　　经理：　　　会计：　　　制表：

工具 10　公司福利制度

第 1 条　为吸引和留住优秀人才，公司提供优良的福利条件，并根据国家和当地政府有关劳动、人事政策以及公司规章制度，特制定本方案。

第 2 条　结合公司生产、经营、管理特点，建立起公司规范合理的福利制度体系。

第 3 条　公司福利不搞平均，应根据绩效不同、服务年限不同而有所区别。

第 4 条　避免公司福利一应俱全的弊病，福利享受从实物化转变为货币化。

第 5 条　公司福利对象。

（1）正式在职员工；

（2）非正式员工；

（3）离退休员工。

不同员工群体在享受福利项目上有差异。

第 6 条　公司提供的各类假期。

（1）法定节假日；

（2）病假；

（3）事假；

（4）婚假；

（5）丧假；

（6）探亲假；

（7）计划生育假（产假）；

（8）公假；

（9）年假；

（10）工伤假。

具体请假事宜见员工请假办法文件。

第 7 条　公司提供进修、培训教育机会。具体事宜见员工培训与教育管理办法文件。

第 8 条　公司提供各类津贴和补贴。

（1）住房补贴或购房补贴；

续表

（2）书报费补贴；

（3）防暑降温或取暖补贴；

（4）洗理费补贴；

（5）交通补贴；

（6）生活物价补贴；

（7）托儿津贴；

（8）服装费补贴；

（9）节假日补贴；

（10）年假补贴。

具体事宜见公司补贴津贴标准。

第9条 公司提供各类保险。

（1）医疗保险；

（2）失业救济保险；

（3）养老保险；

（4）意外伤害、工伤事故保险；

（5）员工家庭财产保险。

具体事宜见公司员工保险办法文件。

第10条 公司推行退休福利，所有退休人员享有退休费收入，领取一次性养老补助费。

第11条 公司提供免费工作午餐，轮值人员享有每天两顿免费餐待遇。

第12条 公司提供宿舍给部分员工。申请事宜见员工住房分配办法。

第13条 公司员工享受有公司年终分红的权利和额外奖励。

第14条 公司为员工组织各种文化体育和联谊活动，每年组织旅游和休养、疗养。

第15条 公司对员工结婚、生日、死亡、工伤、家庭贫困均有补助金。

第16条 劳动保护。公司保护员工在工作中的安全和健康。

（1）凡因工作需要保护的在岗员工，公司须发放劳动保护用品。

（2）劳保用品不得无故不用，不得挪作他用。辞职或退休、退职离开公司时，须交还劳保用品。在公司内部调配岗位，按新工种办理劳保用品交还转移、增领手续。

第17条 保健费用。

（1）凡从事有毒或恶劣环境作业的员工须发放保健费；

（2）对义务献血的员工，除给予休假外，发放营养补助费。

第七章 薪酬与福利待遇管理工具

> 管理大视角

着眼于结果，树立绩效意识

现代企业着眼于结果，实现结果管理，是评价员工创造价值和提升员工个人技能的有效手段。企业通过一系列的评价指标，对员工的工作作出公正、合理并且令人信服的评价，从而依据评价结果作出晋升、降职、调动、开展培训和调换工作或辞退等决定。

工作结果考核不仅可以对员工的当前表现作出评价，还能影响员工以后的行动，使之树立绩效观念，总结经验教训，进一步改进工作方法，提高工作的效率。

在向结果型企业转变的过程中，企业要想树立员工的绩效意识，提高员工的执行力，就需要在管理中以员工的执行结果为重点，运用考核的办法使员工改变低功效甚至无功效的工作方式，踏踏实实地提高每一环节的工作效率。无数事实已经证明，企业要想建立起以结果为导向的执行文化，提高整个企业的实力，必须在管理中加入结果绩效的内容，并把这一内容作为考核的核心，使员工牢固树立绩效意识。此外，还要求各级管理者在结果管理全过程中起到榜样作用，才能更好地实现员工行为方式的改变。

第八章
奖惩、升职与辞退管理工具

工具1　员工奖惩条件

公司员工有下列情形之一的，应由直接主管或人力资源部予以奖励：
1. 对本公司业务有特殊功绩或贡献，有利计划经采纳施行有效的；
2. 对于舞弊或有危害本公司权益之事，能事先发现或防止，而使公司减少或免受损失的；
3. 遇突发事件，临机应对措施得当或奋勇救护保全公物或人命的；
4. 研究改善工作进度，有成效的；
5. 节省原料、物料或利用废料有显著成果的；
6. 领导有方，使业务发展而有相当收获的；
7. 才能卓越、成绩优异而且能够胜任现职以上职务的；
8. 认真勤劳，努力工作而成绩优越的；
9. 其他应予奖励的情况。
公司员工具有下列情形之一的，应由直接主管或人力资源部酌情惩处：
1. 有渎职、失职或对问题失察的；
2. 泄露公务机密或谎报事实的；
3. 故意因过失浪费、损害公物的；
4. 品行不端或行为粗暴、屡教不改的；
5. 在工作场所内斗殴或男女嬉戏，行为不检点的；
6. 扰乱秩序，侮辱同事或妨碍他人工作的；
7. 遇突发事件故意逃避的；
8. 工作时间有现场睡眠，偷闲怠工或擅离职守的；
9. 在工作场所干私活的；
10. 违反公司各项规章制度或命令的；
11. 托人签到、打卡或代人签到、打卡的；
12. 其他应予惩处的事项。

第八章　奖惩、升职与辞退管理工具

> 管理大视角

惩罚

惩罚的作用在于使人从惩罚中吸取教训，消除某种消极行为。惩罚的方法也是多种多样的，如检讨、处分、经济制裁以及法律惩办等。惩罚作为一种教育手段，本来是一般人不欢迎的，因为它不是人们热切追求的，如果掌握不好，则容易伤害被惩罚者的感情，甚至受罚者会为之耿耿于怀，由此消极和颓唐下去。但是，只要管理者讲究惩罚的艺术性，不仅可以消除惩罚所带来的副作用，还能够收到既教育被惩罚者又教育别人、化消极因素为积极因素的效果。

惩罚的目的是使人知错改错，弃旧图新。因此，要把惩罚和教育结合起来。这个常用公式是"教育—惩罚—教育"。也就是说，首先，要注意先教后"诛"，即说服教育在先，惩罚在后，使人知法守法，知纪守纪。这样做可以减少犯错误和违纪行为，即使犯了错误，因为有言在先，在执行法纪时，也容易认识错误，易于改正。如果不教而"诛"，则被"诛"者会不服，产生怨气。其次，要做好实施惩罚后的思想教育工作，使他正确对待惩罚，帮助他从犯错误中吸取教训，改正错误。

工具 2　员工过失单

姓名		员工号		部门		职务	
过失性质	违纪过失□			责任过失□			
过失时间地点							
过失描述							
惩戒意见	经济：罚款　　元　扣工资　　元　扣奖金　　元						
	行政：警告□　记过□　记大过□　辞退□　开除□						

173

续表

补充处分：	
本过失单已送达受处分人	受处分人／日期
批准	提出人／日期
本部门负责人：	签字／日期
上级部门负责人：	签字／日期
人力资源部经理：	签字／日期
总经理：	签字／日期
处分执行情况：	经办人／日期

工具 3　员工纪律处分通知书

编号				日期	
姓名		所属部门		职位	
所犯过失					
□擅自旷工					
□屡次迟到					
□工作时瞌睡					
□故意不服从上级或拒绝接受正当命令					
□故意不以适当方法工作					
□屡次逃避工作					
□工作时在公司赌博					
□行为不检点					

续表

处分： □谴责 □停职	
年　月　日至　年　月　日　共　日	
撤职生效日期： 　年　　月　　日	
备注	

管理大视角

给予员工充分的竞争机会

在员工中引入竞争机制的目的是激励员工，做到人尽其才，发展团队的事业。因此，管理者必须为员工提供各种竞争的条件，尤其是要给予每个员工以充分的竞争机会。这些机会主要包括人尽其才的机会、将功补过的机会、培训的机会以及获得提拔的机会等。

工具 4　员工人事调整管理条例

总则	第 1 条　为了促进本公司的稳定发展，充分发挥员工能力，并本着人与工作互相适应的原则，合理进行人力资源的分配，特制定本规定。 第 2 条　员工的升、降、调、辞、退必须本着客观公正的原则慎重处理。凡属关键工作或职务的任职人员变换，需进行严格审查，宁缺毋滥。 第 3 条　人员调整必须以考核为依据，以任职资格为标准，兼顾个人发展潜能和现任职务。 第 4 条　人事调整包括升任、降任、调任、免职、离退休、辞聘、辞退、停薪留职等内容。 第 5 条　人事调整管理权限依公司相关规定和公司其他有关规定办理。

续表

任免规定	第6条　为创造一种奋发向上的公司气氛，本公司特设立自我申报制度。申报人应根据自己的能力专长，本着为公司和个人负责的精神填写"员工自我申报表"。经人力资源部同该员工所在部门主管领导共同考查合格者，列入备选人员档案，以便在适当的时机选任。 第7条　凡升任、调任、降任员工，均由相应部门的主管领导提名，报人力资源部。由人力资源部按权限规定呈送审核人。 第8条　凡呈报升任、调任、降任要求的部门，应配齐以下材料： ①拟定调整的职务或工作； ②员工绩效考核表； ③主管领导对其所做的全面鉴定； ④具有说服力的事例； ⑤其他有关材料。 第9条　凡由上级授意调整的人员，所在部门主管领导应按本规定第8条配齐材料。 第10条　高级员工的任职通知由总裁签发，人力资源部负责通报有关部门。高层以下员工的任职通知书由人力资源部与有关单位主管领导共同签发。 第11条　因职务变换或因重大失误需免去原任职务的高级员工，由总裁签发免职通知书，并由人力资源部向公司有关部门通报。高层以下员工由人力资源部与有关部门主管领导共同签发免职通知书。 第12条　凡接到任免通知书的员工，限1周内交接好工作，到人力资源部办理任免手续。
辞聘、辞退规定	第13条　员工的辞聘、辞退管理，以本公司相关规定办理。 第14条　在以下情况下，公司员工可能资遣： ①公司歇业或转让时； ②公司亏损业务紧缩时； ③公司因不可抗拒的原因停业1个月以上； ④公司业务性质变革而原有员工无法适应时； ⑤其他特殊原因。 第15条　员工自收到资遣通知之日起，1周内办妥离职手续，并领取资遣费。若自接到资遣通知30日内未办理离职手续者，不再发放资遣费，按辞退处理。

续表

辞聘、辞退规定	第16条　员工资遣的先后顺序为： ①在职期间曾受惩处的； ②工作绩效不如他人的； ③本公司工龄短于他人的； ④职务等级低于他人的。 第17条　资遣费发放标准按以下规定办理： ①有效工作时间不足1年者，发放1个月基本工资的资遣费； ②有效工作时间1年以上不足3年的，发放3个月基本工资的资遣费； ③有效工作时间3年以上的，每增加1年，增发1个月的资遣费。 第18条　凡本公司资遣员工再遇公司招聘时，可考虑优先录用，本企业工龄可连续计算。若再遇资遣时，只按续任时间长短来发放资遣费。
停薪留职规定	第19条　凡属下列情况之一者，办理停薪留职手续： ①久病不愈超过1个月者； ②因特殊情况暂不能供职者。 第20条　凡属第19条第1款情况的，由部门主管申报，经人力资源部核准后呈送本人。 第21条　凡属第19条第2款情况的，由员工个人申报，经部门主管批准后，报人力资源部核准后呈送本人。 第22条　停薪留职以一年为限，如需要延长，需经公司最高行政领导批准。 第23条　凡停薪留职期满的仍不能供职，按辞退办理。 第24条　员工在停薪留职期间擅就他职或有收入者，一经核实，予以除名。 第25条　凡停薪留职人员，公司概不保留原任职位，申请复职时若无相应职位空缺或已无需要时，不待复职。若停薪留职期满仍不待复职者，按辞退处理。 第26条　凡停薪留职员工要求复职时，需经人力资源部和原任部门主管领导核准后，办理复职手续。
离退休管理规定	第27条　凡符合国家离退休规定的员工，按国家和地方有关政策法规办理离退休手续。

续表

离退休管理规定	第28条　本公司高级员工的离退休年限可适当延长，但需经公司总裁批准。 第29条　凡属下列情况的离退休员工，除依法领取由保险公司核发的养老金外，还可享受公司的养老补助金。 ①在本公司连续工作10年以上的普通员工； ②在本公司连续供职的高级职工； ③凡对公司有特殊重大贡献的所有员工。 第30条　由本公司核发的养老补助金额和发放期间长短的具体标准，视公司经济情况而定，并由公司保险福利基金中列支，本文件暂不规定。 第31条　凡符合离退休条件的员工，均需在实足年龄到期前1个月，经人力资源部审核呈交主管人事的副总裁（或副总经理）核准。 第32条　申请退休的员工在接到通知后1周内前往人力资源部办理离退休手续。 第33条　凡是在聘用合同未到期前符合国家规定离退休年龄的员工，据合同年龄实足之日起终止。 第34条　凡此规定未尽事项，参照其他有关文件执行。 第35条　本规定自批准之日起生效。

工具5　员工晋升制度

第1条　为鼓励员工积极向上、多做贡献及奖励先进、选拔贤能，特制定本制度。

第2条　本制度所指的晋升，是指公司对符合晋升条件的员工给予工资的晋级或职务的升迁。

第3条　公司员工工作努力、业绩突出者，均可成为被晋升的对象。对员工的晋升应当严格要求，公平对待。

第4条　凡具备下列条件之一者，给予晋升工资一级：

（1）忠于公司，在公司效力5年以上且表现良好者；

（2）积极做好本职工作，连续3年成绩突出受到公司表彰者；

（3）业务有突出专长，个人年创利100万元以上者；

（4）连续数次对公司发展提出重大建议为公司采纳，并产生重大经济效益者；

续表

（5）非本人责任而为公司挽回经济损失 30 万元以上者；
（6）领导有方，所管理的单位连续 2 年创利 200 万元以上或成绩显著者；
（7）领导亏损单位扭亏为盈，经营管理有方者；
（8）有其他突出贡献，董事会或总经理认为该给予晋级嘉奖者。

对成绩特别突出或贡献特别重大者，可给予晋升二级；同时具备领导才能者，可给予提升行政职务一级。

第 5 条　晋升程序如下：
（1）员工推荐、自荐或单位提名；
（2）监察委员会或监察部会同人力资源部审核；
（3）董事会或总经理批准。

其中，属董事会聘任的员工，其晋升由监察委员会审核。总经理提名董事会批准。属总经理聘任的员工，其晋升由监察部审核，人力资源部提名，总经理批准。

第 6 条　晋升名单由董事会或总经理发布，公开表彰。
第 7 条　晋升手续由人力资源部负责办理。

管理大视角

以工作业绩为提拔员工的标准

恰当、有效的激励机制，是提高员工积极性、促进企业工作效率提高的手段之一。给员工以晋升的机会，就是其中一个不可或缺的激励因素。它带给员工的不仅仅是一份更得体的薪水和一张更宽阔的办公桌，它同时还表明了一种认可、一种身份、一种荣誉和尊敬，它为员工带来的是满足与责任。因此，提拔员工在任何时候都具有强大的激励力和凝聚力。它使人自信，主动追求卓越；使人充分发挥潜在的能力，处于持续不断的发展过程中。

但若按资历提拔不但不能鼓励员工争创佳绩，反而会养成他们坐等观望的态度。这会降低晋升的激励作用，甚至产生负面效应，打击员工的工作士气。最好的方法是"通过衡量员工的业绩去任用"。事实表明，用员工的个人成就决定员工的提拔升迁，将会更有效地激励员工，培养员工向优秀员工看齐的企业精神。

"业绩决定晋升",固然会给员工带来一定的工作压力,但重要的是它把握在员工的手中。拥有了晋升主动权的员工可以直观地看到自己努力与进步的轨道,让他们深切感受到赢得胜利的悸动。这一切均可产生强大的激励力,促使员工更加努力地工作,使劳动生产率最大化。

工具6 员工升职推荐表

被推荐人姓名		性别		年龄	
加入公司时间		文化程度		专业	
毕业学校			毕业时间		
现任部门、职位		你推荐部门、职位			
工作经历（本人填写）	（请从您最后毕业时间起开始填写。此处如填写不下，请另附说明）					
工作业绩及自我评价（本人填写）	（请重点填写您在本公司的工作业绩。此处如填写不下，请另附说明）					
部门负责人意见	（推荐意见包括：对该员工工作表现的基本评价；职业素质、工作能力、工作态度、就任新职位的潜力等；该员工对新岗位的工作意愿） 签字： 年 月 日					
以下内容由人力资源部、公司领导填写：					
人力资源部意见	（是否符合岗位基本要求以及以往的绩效考核情况） 签字： 年 月 日					
总经理意见	签字： 年 月 日					

工具7　员工岗位变动通知书

姓名		性别	
入公司日期			
生效日期			
调动原因：			
新上任□　升职□　薪金调整□　完成试用期□　辞职□　内部调整□　延长试用期□ 合约终止□　解雇□			
基本情况	由	去	备注
部门			
职位			
等级			
员工证号			
薪金			额外薪金： 扣除薪金：
最后工作日：　　年　月　日 员工姓名：_____　最后工作日　年　月　日			
部门主管意见 签字	人力资源总监意见 签字	总经理意见 签字 　　年　月　日	

高效管理员工的工具及表格

> **管理大视角**

人员分配原则：用人需把握平衡互补之道

企业在用人时，如果让两个或两个以上性格、学识相仿的人合作，看似能够和平共处，顺利完成任务，实际上，除了使他们的缺陷加深、障碍增多外，最大的好处，不过是将其仅有的优点扩大罢了。对企业来说，这些优点是不足以应付全部外来困难的。

企业用人也是同理。在一个组织中，每个人才因素之间最好形成相互补充的关系，包括才能互补、知识互补、性格互补、年龄互补、性别互补和综合互补。这样的人才结构，在科学上常需"通才"领导，使每个人才各得其位，各展其能，从而和谐地组合在一个"大型乐队"中。

有研究表明，一个管理团队中，最好有一个直觉型的人作为"军师"，有一个思考型的人设计和监督管理工作，有一个情感型的人提供联络和培养职员的责任感，还要有一名冲动型的人实施某些临时性的任务。这种互补定律得到的标准和结果是整体大于部分之和，从而实现人才群体的最优化。

工具8 各部门人事变动报表

年　　　月

部门	编制人数	现有人数	备注
新聘人数	辞职人数	内部调入人数	调入其他部门人数

续表

新聘		辞职		内部调入			调入其他部门		
姓名	岗位	姓名	岗位	姓名	原岗位	现岗位	姓名	原岗位	现岗位

填表人：　　　　日期：　　　　审核人：　　　　日期：

管理大视角

用人以长，容人之短

任何一个组织都是众人的集合，有才华出众者，有泛泛如众者，有八面玲珑者，有谨小慎微者，等等。真可谓各色人等，长短不一。用人问题的关键在于，要用人之长，这是管理者用人的眼光和魄力之所在。现代管理科学的管理理念是，一个人的短处是相对存在的，只要善于激活他某一方面的长处，那么这个人则可能修正自我，爆发出惊人的工作潜能。

工具9　员工辞职原因说明书

所属部门		姓名			备注	
离职日期	年　月　日	离职原因	主动离职	体弱多病		
				另有他就		
				志趣不合		
				要服兵役		
				其他		
在公司服务年限	由年月日至年月日共年月日		被动离职	开除		
				不合格辞退		
				解雇		
				其他		
核准人		会计部		总务部	本部门主管	填单人
	工资	借支	伙食	缴回	退伙	记事	业务	借物
备注	本表用于记录员工的辞职原因。其原因包括体弱多病、另有他就、志趣不合、要服兵役等而主动离职，也有开除、不合格辞退等而被动解职。

工具10 员工离职通知书

服务单位		职称		姓名	
到期日期	年 月 日	离职日期		年 月 日	
离职原因					
自动			被动		
体弱多病		要服兵役	开除		解雇
另有他就		其他	不合格辞退		其他
物品交还或应扣款					
单位	应办事项	已经收还或应扣金额	应办事项	已经收还或应扣金额	接收人或经管人	备注
服务单位	移交清楚		未了事项已交代清楚			
总务单位	服装		伙食			
	福利借款		家具或文具			
	其他扣款					
人事单位	工作名称		劳保费			
财务单位	款项未清		月中借支			
核定					人事单位：	
单位主管：					离职人：	
本表用于通知员工离职。在员工离职时，须到各部门办清各项手续。					

> 管理大视角

留住人才，减少人才的流失率

也许有人会说：人才流失有什么大不了的！美国联邦储备委员会主席格林斯潘极为精辟地指出：是美国的教育而不是外贸或者进口问题决定着美国人的命运。虽然"重视人才"早已成为公司老总们的口头禅，但令人不解的是，许多公司一边不断地招人，一边听任人才大量流失。而人才的流失给企业带来了大量的不必要的开支和浪费，根据人力资源经理们估计，考虑所有因素，包括因为雇员离开公司而失去的关系，新员工在接受培训期间的低效率等，替换新员工的成本甚至高达辞职者工资的150%。

找替换新员工的成本还不仅限于此。许多公司的财富正越来越多地要用知识资本来衡量，而很大一部分知识资本存在于公司知识雇员的脑子里。但是，许多公司和企业仍然认识不到知识是一种无形资产。

许多公司持续不断地大量招聘新员工常使其疲于奔命，甚至使企业效益出现下滑。公司若留不住人才，就必然要付出更高昂的代价。

工具11 员工离职手续清单

申请日期：

离职人姓名		性别		工号	
所在部门		一级部门		批准离职文号	
				批准日期	
工作移交情况审核	工作移交结果：（工作内容、文档、客户关系） 所在部门主管：				

续表

工作移交情况审核	移交结果审核： 有否正式交接记录：□有 □否 　　　　　　　管理部负责人：
	移交结果确认： 是否需要离任审计：□是 □否 若需要离任审计请注明担保股金比例　□10% □20% □30% 　　　二级人力资源委员会：
审计结果	
考勤状况	
部门考勤员	一级部门考勤员

工具 12　员工离职结算单

姓名	部门	员工号	职务/工种	入公司日期	备注
事由	合同到期□　　辞职□　　辞退□　　开除□					

会计部　□欠款清理

　　　　□财务清算

　　　　　　　　　　　经理：_____

　　　　　　　　　　　日期：_____

人力资源部　□合同解除　□培训金签退

　□档案调出　□保险手续

　□工资发放　□员工手册

　　　　　　　　　　　经理：_____

　　　　　　　　　　　日期：_____

187

续表

```
本部门    □借用图书
         □文件资料
         □办公室钥匙    部门负责人：
         □办公用品    交接人：
                            日期：_____
总务部    □门卡
         □工作服
                    经理：_____
                    日期：_____
离职本人    我确认上述手续已全部完成，从此解除我与_____有限公司的劳动
         服务关系。
                    签字：_____
                    日期：_____
注：本单一式两份，离职者与公司人力资源部各执一份。
```

管理大视角

留住关键员工，重在日常管理

　　现代企业的核心竞争力往往是由企业所拥有的人力资源决定的，关键员工的去留对企业产生举足轻重的影响，如何有效地管理关键员工是许多企业迫切需要解决的问题。事实证明，防范关键员工的流失，重点在于做好日常管理。

　　由于每个企业发展阶段不同、选择战略不同和行业特点不同，每个企业的关键员工自然也不同。所以，管理者对于关键员工一定要认真分析和研究实际情况，如此才能制定出针对性强、切实有效的个性化的管理方案，从而留住顾客。